GEO BOOK

1000 idées de voyages

SPÉCIAL ANIMAUX

Bien choisir son séjour
France et monde

GEO BOOK

1000 idées de voyages

SPÉCIAL ANIMAUX

Bien choisir son séjour France et monde

GEO ÉDITIONS

Introduction

La nature nous donne à voir des merveilles. Toutes les contrées sont peuplées d'animaux sauvages. À plumes, à poils, à fourrure, évoluant sous l'eau, sur la terre ou dans les airs, ils partagent notre planète. Leurs comportements sont parfois mystérieux. Les rencontrer à l'occasion d'un voyage est une expérience des plus enrichissantes.

Que vous soyez amateur de plongée ou d'ornithologie, amoureux des fauves, des primates ou des grands mammifères, vous aurez l'embarras du choix pour mettre à l'épreuve votre curiosité. Des savanes aux jungles, des océans aux terres en altitude, les espèces se comptent par dizaines de milliers. Elles demandent parfois des efforts et de la patience pour se laisser admirer. Mais quelle récompense lorsque vous avez la chance d'apercevoir un léopard en pleine course, un hippopotame barboter dans un lac, une girafe traverser un sentier ou des oiseaux élever leurs petits ! L'observation de la faune, dont la richesse est aujourd'hui fragilisée, est une leçon d'humilité.

Le GEOBOOK est une source d'informations destinée à vous inspirer et à vous guider dans vos envies. Il vous donne les clés pour réaliser votre rêve. Au fil des pages, vous serez surpris de vos découvertes : le tarsier est le plus petit primate au monde, la Pologne abrite la plus grande population de bisons d'Europe, les lions dorment environ 15 heures par jour, les couples de macareux moines sont unis durant toute leur vie, le colibri vole à reculons...

Le GEOBOOK répond aussi aux questions que vous vous posez : comment faire un safari ? Quelle est la meilleure période ? Quels vêtements porter lors d'une randonnée en forêt amazonienne ? Où observer des baleines ou entendre des singes hurleurs ? Ce guide a été conçu pour vous permettre d'éviter les mauvaises surprises grâce, notamment, à une foule de renseignements pratiques. Selon vos moyens, le temps dont vous disposez, vos désirs ou vos passions, vous trouverez forcément la destination qui vous convient le mieux.

Le GEOBOOK apporte également des éclairages sur la protection des espèces animales. Nombre d'entre elles sont menacées de disparition ou considérées comme vulnérables. Pourquoi et comment ? Des éléments de réponse vous aideront à mieux comprendre l'impact de l'homme sur son environnement qu'il s'agisse des déserts, des montagnes, des forêts et des océans. Vous découvrirez aussi l'intérêt d'être accompagné d'un guide afin de profiter le plus possible de votre parcours.

Où aller ? Quand partir ? Que voir ? Que faire ? En répondant à ces quatre grandes questions qui régissent tout choix de voyage, le GEOBOOK est l'outil indispensable pour décider de votre prochain itinéraire.

Page 3 : les lionnes peuvent donner naissance à une portée de 3 à 4 jeunes en moyenne.
Ci-contre : en route vers l'océan, les petites tortues caouannes sont une proie idéale pour les oiseaux marins.

Sommaire

Du fait de ses couleurs extravagantes, la rainette aux yeux rouges est l'emblème de la nature au Costa Rica.

Comment utiliser

Une première partie pratique pour bien choisir son voyage

- **À chacun sa destination**
Choisir en fonction de ses **contraintes** : un tableau pour comparer le coût et la durée du voyage, le coût des safaris, les risques sanitaires et les papiers nécessaires, d'un pays à l'autre.

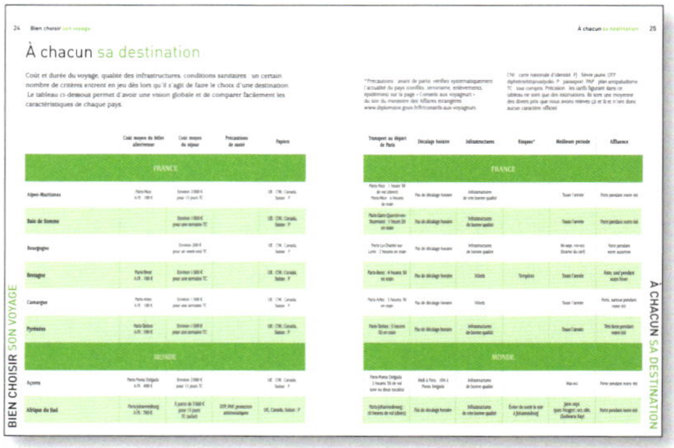

- **À chacun ses raisons**
Choisir en fonction de ses **centres d'intérêt** : avifaune, faunes marine et terrestre, dans les savanes, les forêts tropicales, les déserts ou les océans…

- **À chacun son envie**
Choisir en fonction des **animaux** que l'on rêve de rencontrer.

- **Les périodes à préférer**
Choisir en fonction des **risques climatiques** : un tableau des meilleures périodes et des plus mauvaises.

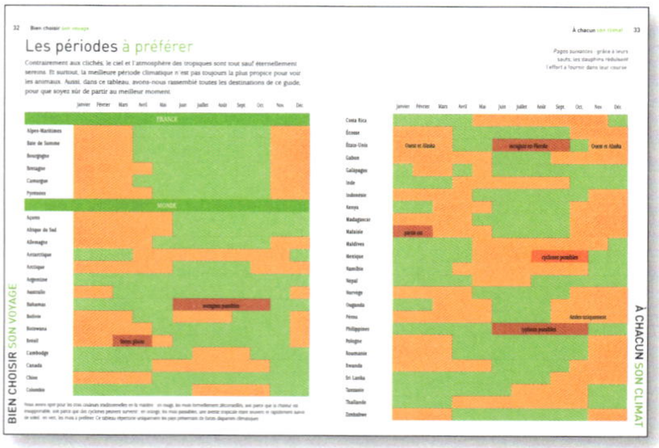

BIEN CHOISIR SON VOYAGE

le GEOBOOK ?

Les destinations de A à Z

des Açores au Zimbabwe

QUAND PARTIR ?
Le calendrier optimal avec des pictogrammes pour choisir la meilleure saison pour observer les animaux.

DES PHOTOS...
...emblématiques qui donnent un avant-goût du voyage.

QUE VOIR, QUE FAIRE ?
- Les lieux où l'on peut observer les animaux.
- Les activités sportives : randonnées, plongée, snorkeling...

LA CARTE DE LA RÉGION
Repérer sa destination en fonction de ses envies et de son temps de voyage disponible.

LES CONSEILS GEO
Les plus, les moins de chaque pays, les précautions, les recommandations.

LE CARNET DE VOYAGE
Toutes les informations pratiques sur le pays : formalités, santé, langues, monnaie, population, religions et fêtes.

DES GROS PLANS
Un éclairage sur une espèce qui permet de découvrir les comportements et les modes de vie de certaines espèces emblématiques

COMMENT UTILISER LE GEOBOOK ?

À chacun ses raisons

Endémiques, migrateurs, sédentaires, les animaux occupent toutes les surfaces du globe. Ils se répartissent selon des écosystèmes extrêmement variés. Ce tableau présente les destinations selon le type de faune qui y vit.

	Big Five	Faune marine	Oiseaux	Primates	Mammifères
FRANCE					
Alpes-Maritimes			●●●		●●●
Baie de Somme		●●	●●●		●●
Bourgogne			●		●●●
Bretagne		●	●●●		●●
Camargue			●●●		●●●
Pyrénées			●●●		●●●
MONDE					
Açores		●●●	●		
Afrique du Sud	●●●	●		●	●●
Allemagne		●●●	●●●		
Antarctique		●●●	●●●		●●
Arctique		●●●	●●●		●●●
Argentine		●●●	●		●●
Australie		●●●	●●		●●●
Bahamas		●●●			
Bolivie		●●	●●●		●●●
Botswana	●●●		●	●●	●●●
Brésil		●	●●●		●●●
Cambodge			●●	●●	●●●
Canada		●●●	●●		●●●
Chine					●●●
Colombie			●●●		●●
Costa Rica			●●●	●●	●●●

	Big Five	Faune marine	Oiseaux	Primates	Mammifères
Écosse			●●●		●●●
États-Unis		●●	●●●		●●●
Gabon	●●			●●●	●●●
Galápagos		●●●	●●●		●●●
Inde			●		●●●
Indonésie		●●	●●	●●●	●●●
Kenya	●●●			●	●●●
Madagascar		●●	●	●●●	●●●
Malaisie			●	●●●	●●
Maldives		●●●			
Mexique		●●	●●●		
Namibie	●	●			●●●
Népal	●		●●	●●	●●●
Norvège			●●●		●●●
Ouganda	●●		●●	●●●	●●●
Pérou			●●●		●●●
Philippines		●●●		●	
Pologne			●●		●●●
Roumanie					●●●
Rwanda	●●●			●●●	●●
Sri Lanka		●●●	●●	●●	●●●
Tanzanie	●●●		●●	●●	●●●
Thaïlande			●●●	●	●●●
Zimbabwe	●●●		●	●	●●●

Faire un safari photo

Le mot « safari » vient de *safara*, d'origine arabe, qui signifie « voyager ». Au cours du XIXe siècle, le safari était synonyme de chasse coloniale. Aujourd'hui, il consiste à se rendre dans une réserve ou un parc national pour observer la faune sauvage. La meilleure période est généralement la saison sèche. Elle varie selon les pays (voir le tableau À chacun sa destination, p. 24-31). Les animaux se regroupent autour des points d'eau, et la végétation est moins dense. Pendant la saison des pluies, la nature redevient verdoyante. Les averses sont intenses mais de courte durée. Néanmoins, certains parcs et réserves ferment leurs portes et les routes peuvent être impraticables.

Le choix des critères

Pour choisir la région où vous souhaitez entreprendre un safari, vous devrez définir vos priorités, donc vos critères : budget, durée du séjour, nombre de participants, présence ou non d'enfants, encadrement ou autonomie, déplacements (motorisés, à pied…), type d'hébergement (camps de brousse, lodges…), type de faune et d'environnement, réserves privées ou parcs nationaux. Une fois définis, ces critères vous permettront de mieux faire votre choix.

Certaines zones sont plus propices à l'aventure, alors que d'autres sont plus sécurisantes. Si vous disposez de peu de temps, il est préférable de profiter au mieux d'un seul lieu et d'éviter les longs trajets sur les routes. Comptez toujours un minimum de trois à quatre jours pour vivre pleinement votre voyage. Une semaine est idéale pour s'immerger dans la vie sauvage.

En deux semaines, il vous sera facile de combiner plusieurs parcs ou réserves et de profiter éventuellement d'une plage en fin

RÉSERVES ET PARCS NATIONAUX	RÉSERVES PRIVÉES
• Importante fréquentation touristique en saison sèche (hiver austral) • Les hébergements sont parfois de qualité très moyenne.	• Certains lodges sont d'un confort exceptionnel mais onéreux.
• Interdiction de sortir de la route.	• Les véhicules sont autorisés à sortir des pistes.
• Un safari en autonomie permet d'aller à son rythme, mais le conducteur profite moins bien du périple.	• Aucune ou peu d'autonomie.
• Tous les véhicules sont fermés.	• Les véhicules sont ouverts et surélevés.
• Les réservations dans les camps doivent être faites longtemps à l'avance.	• Les safaris, de grande qualité, sont chers. Ils sont forcément guidés.
• Forte concentration de véhicules.	• Moins de véhicules en circulation.
• En camping, il est possible de préparer ses propres repas. Des supérettes sont souvent à proximité.	• Les repas sont prévus par le lodge. Les enfants âgés de moins de 6 ans ne sont pas toujours acceptés en safari.
• Horaires d'ouverture et de fermeture stricts.	• Horaires et règlements stricts.

Un safari motorisé se déroule au rythme des animaux, qui ne craignent pas forcément la présence d'un véhicule.

de séjour. En effet, la poussière, la chaleur ainsi que l'attention portée à la conduite engendrent une bonne fatigue.

Si vous optez pour un safari organisé, le choix de l'organisme qui vous accueille sur place est crucial. Vérifiez sa capacité à honorer sa promesse. Sur Internet, les arnaques sont nombreuses et vous risquez d'être déçu. Recoupez toujours les informations et méfiez-vous des forums de discussion parfois fabriqués de toutes pièces.

Dans tous les cas, il est indispensable de rester ouvert d'esprit et d'accepter les imprévus. La patience est une vertu durant un safari ! Vous ne verrez pas toujours les animaux à votre convenance, notamment les Big Five. Gardez à l'esprit que les parcs et réserves ne sont pas des zoos. Les animaux y vivent à leur rythme et en toute liberté. Ils ne seront jamais au garde-à-vous ! Pour mieux choisir votre destination, reportez-vous aux tableaux récapitulatifs en début d'ouvrage.

Les services d'un guide

L'accompagnement d'un guide et le confort du véhicule sont des gages de réussite d'un safari. En effet, un périple en toute autonomie vous permet de vous déplacer à votre propre rythme, mais un guide apporte de nombreuses informations et connaît bien les comportements animaliers. Dans les parcs nationaux, vous ne pourrez jamais sortir des pistes si vous

Les migrations annuelles sont liées à la fréquence des pluies et à la présence des herbacées.

êtes dans votre propre véhicule. Un guide, en revanche, saura s'écarter des sentiers, que l'on se doit de suivre normalement, pour dénicher un léopard perché dans un arbre ou des lionnes tapies dans des herbes blondes. Il partagera ses connaissances avec vous et vous racontera toutes sortes d'histoires fascinantes.

Quels types de safari ?

À l'exception des réserves privées, vous vous déplacerez dans un véhicule fermé. Préférez les 4 x 4 aux minibus, d'où la vue sur l'extérieur est restreinte. Si vous louez votre propre voiture, n'hésitez pas à la choisir surélevée et spacieuse. Éviter les agences qui vous proposent un 4 x 4 pour 6 passagers. Pour elles, l'opération est plus rentable mais, pour vous, l'inconfort est assuré. Afin d'optimiser l'observation des animaux, quatre personnes sont le maximum. Dans de nombreux lieux, vous pourrez faire un safari à pied, de jour ou de nuit. Ces sorties accompagnées durent en général deux heures. Le guide ou le ranger joue un rôle crucial concernant votre sécurité. Il vous apprendra aussi à reconnaître les traces des animaux et à sentir leur présence.

Les safaris en bateau offrent une approche bien différente. Ils sont propices à la rencontre avec des hippopotames, des crocodiles et des oiseaux. Si vous êtes à proximité d'un fleuve qui le permet, n'hésitez pas à choisir une balade de quelques heures.

Quelques règles et conseils

Le bon sens est roi dans la savane. Gardez toujours à l'esprit que vous êtes dans un environnement que vous ne maîtrisez pas. En suivant ces conseils, vous vivrez une expérience fabuleuse en toute sécurité.

• Bien avant de partir, vérifiez si le permis international est exigé pour la location d'un véhicule.
• Vérifiez si les jeunes enfants sont acceptés en safari.
• Vous devez toujours vous acquitter du droit d'entrée dans un parc national.
• Prévoyez des réserves d'eau, de nourriture et d'essence si vous voyagez seul.
• Ne sortez jamais de votre véhicule en pleine brousse et gardez les fenêtres fermées. Évitez le hors-piste.
• Gardez une certaine distance avec les animaux. Ne les provoquez pas. Si un animal est au milieu de la route, coupez le moteur du véhicule et patientez.
• Ne roulez pas la nuit.
• Portez des chaussettes et de bonnes chaussures pour éviter tout contact avec des parasites qui se trouvent dans les eaux, la boue ou le sable. Prévoyez aussi des chemises ou tee-shirt à manches longues contre les moustiques.
• Le flash des appareils photo est particulièrement agressif pour les animaux.
• Ne laissez pas de déchets derrière vous.

Les grandes migrations

Chaque année, en Tanzanie, quelque deux millions de gnous, de zèbres et de gazelles, en quête de nourriture et d'eau, se lancent dans un périple circulaire à travers 1 000 km de plaines à perte de vue. Au changement de saison, des hordes spectaculaires opèrent la plus grande migration du monde animal. En janvier, lors de la naissance des zèbres, les troupeaux quittent le sud du parc national du Serengeti et l'aire de conservation du Ngonrogoro. Février marque la naissance des gnous. En mars, la migration se poursuit vers le nord du pays. En avril et mai, elle se dirige vers l'extrême ouest, avant de commencer à bifurquer vers le nord, en juin. D'août à septembre, les animaux parcourent la réserve nationale du Masaï-Mara, dans le sud du Kenya, puis entament leur descente en octobre pour revenir à leur point de départ en décembre. Sur cette longue route, les prédateurs sont à l'affût de leurs proies qu'ils attaquent de façon stratégique autour des points d'eau.

Un kilo d'écailles de pangolin se vend entre 700 et 1 000 euros sur les marchés asiatiques. Cet animal est en danger critique d'extinction.

Les espèces menacées

Le trafic d'espèces animales et végétales est le quatrième commerce illégal derrière celui de la drogue, des armes et des êtres humains. Il est également la deuxième cause de la disparition de certaines espèces, après la dégradation des habitats naturels. Outre les animaux emblématiques – éléphants, tigres, rhinocéros, gorilles et chimpanzés –, de nombreux oiseaux, reptiles, poissons tropicaux et animaux à fourrure sont sur la liste des espèces en danger.

Les raisons

La population de gorilles de l'Est a décliné de 70 % en 20 ans. En 2016, 1 050 rhinocéros ont été tués en Afrique du Sud où vivent 80 % des espèces mondiales. En un siècle, 97 % des tigres ont disparu. En 10 ans, la population des orangs-outans de Bornéo a chuté de 25 %. La liste est sans fin, et les chiffres éloquents. La perte ou la diminution de l'habitat naturel sont la première menace qui pèse sur la faune sauvage. La déforestation à des fins industrielles, l'intensification de l'agriculture et de la sylviculture provoquent, au mieux, leur fragmentation et,

au pire, la destruction des habitats. La surpêche abîme les milieux marins et la prise accidentelle dans les filets provoque la disparition de milliers d'oiseaux.
En outre, le trafic illicite des animaux prend de plus en plus d'ampleur. Des milliards d'euros sont en jeu. Rhinocéros, éléphants, tigres, pangolins, grands singes, oiseaux, poissons tropicaux et coraux font partie de la liste des premières victimes. Le braconnage est extrêmement lucratif. La corne de rhinocéros se vend plus cher que l'or (environ 60 000 dollars pour un kilo de poudre). La Chine et le Vietnam, où la croyance dans ses vertus médicinales – non prouvées – reste très tenace, sont les principaux consommateurs. Dans nombre de pays,

L'aigle des Philippines, la deuxième plus grande variété de cet oiseau au monde, souffre de la déforestation et de la chasse.

La liste rouge

L'Union internationale pour la conservation de la nature (UICN, www.iucn.org.fr) rassemble des gouvernements et des organisations de la société civile. La liste rouge indique le bilan de la biodiversité dans le monde. Cet état des lieux, réalisé par des experts de la Commission de sauvegarde des espèces et constamment révisé, permet aujourd'hui de constater qu'une espèce de mammifères sur quatre, un oiseau sur huit et plus d'un amphibien sur trois sont menacés d'extinction mondiale.
Sur les 87 967 espèces étudiées, 25 062 sont classées menacées. La liste rouge repose sur neuf catégories : éteinte (EX), éteinte à l'état sauvage (EW), en danger critique (CR), en danger (EN), vulnérable (VU), quasi menacée (NT), préoccupation mineure (LC), données insuffisantes (DD), non évaluée (NE). La liste se fonde sur une évaluation objective du risque d'extinction d'une espèce si celle-ci ne fait pas l'objet de mesures de conservation.
Les espèces entrent dans l'une ou l'autre des catégories selon des critères d'effectifs et d'aire de répartition géographique.
La liste rouge de l'UICN est la source d'informations la plus complète au monde sur le statut des espèces animales.
Voici quelques organisations dédiées à la protection de la faune :
- *World Wide Fund for Nature (WWF) : www.worldwildlife.org; wwf.fr.*
- *ASPAS (Association pour la protection des animaux sauvages) : www.aspas-nature.org.*
- *Fondation 30 millions d'amis : www.30millionsdamis.fr.*
- *Association Gorilla : www.gorilla.fr.*
- *Ligue pour la protection des oiseaux (LPO) : www.lpo.fr.*

la pauvreté et le laxisme des gouvernements pour appliquer la législation permettant de lutter contre les braconniers contribuent à accroître le commerce illégal des espèces. Et ce, malgré les nombreuses mesures adoptées au titre de la convention sur le commerce international des espèces de faune et de flore sauvages (CITES).
Enfin, le réchauffement climatique risque de représenter à moyen terme une menace conséquente pour les espèces migratrices (oiseaux, faune marine…).

La 6e extinction

Une étude menée par trois universitaires, mexicain et américains, constate le recul spectaculaire des espèces de vertébrés sur la planète, aussi bien en nombre d'animaux qu'en étendue. Plus particulièrement en Amazonie, dans le bassin du Congo et en Asie du Sud-Est, les animaux disposent d'un territoire de plus en plus réduit pour survivre, se reproduire et chasser. L'activité de l'homme est au cœur de cette extinction. Les scientifiques affirment que plus de 50 % des espèces animales terrestres ayant vécu sur notre planète ont disparu en 40 ans. Selon l'étude, il ne reste que « deux ou trois décennies au maximum » pour inverser la tendance.

Quelques espoirs

Le braconnage des rhinocéros a diminué de 10 % en 2016. Grâce à d'intenses mesures de protection et au reboisement, les pandas sont passés de la catégorie vulnérable à celle en danger. En 2015, la France a adopté une loi au terme de laquelle les animaux sont reconnus comme des « êtres vivants doués de sensibilité ». Depuis quatre ans, la Thaïlande ferme au public des parcs nationaux pour permettre à la nature de se régénérer. De nombreux exemples de ce type illustrent la prise de conscience grandissante de la menace qui pèse sur les espèces animales du monde. Plusieurs organisations œuvrent dans ce domaine. Sur le plan individuel, notre comportement et nos choix lors d'un voyage peuvent contribuer, même à une petite échelle, à la protection de la faune.

Ci-contre : le renard polaire de l'Arctique fait partie des espèces menacées du fait du réchauffement climatique.

Ci-dessus : il existe plus de tamarins pinchés dans les zoos que dans les forêts colombiennes, dont le primate est endémique.

Observation des oiseaux

Certains sont passionnés d'ornithologie depuis l'enfance. D'autres sont des admirateurs occasionnels. D'autres encore ne s'intéressaient pas aux volatiles jusqu'à ce qu'un guide leur glisse un jour à l'oreille qu'un oiseau fabuleux se cache juste là, tout près d'eux. Comment résister à l'envie irrésistible de découvrir une créature dont on ne soupçonnait pas l'existence ? Savoir observer demande patience et vigilance. Tout s'apprend.

Le lieu, le climat et le moment de la journée sont autant de conditions qui président à l'observation des oiseaux. Ils vivent leurs amours, nidifient, ou migrent au rythme des saisons. Le printemps est particulièrement propice à leur symphonie sonore. Les mâles sont au summum de leur beauté. En été, nourrir les oisillons devient une priorité, notamment pour les migrateurs qui se préparent à un grand voyage. Il est possible de voir des oiseaux sous toutes les conditions météorologiques. Néanmoins, lorsque le vent se lève et que le soleil boude, ils sont moins visibles. S'il fait très chaud, vous les rencontrerez près des points d'eau. Ils sont particulièrement actifs tôt le matin mais aussi en fin de journée.

Afin de mettre toutes les chances de votre côté, ayez toujours une paire de jumelles autour du cou. Vous pourrez ainsi réagir rapidement. Pour choisir cet équipement, sachez qu'un grossissement important réduit le champ de vision. Un grandissement de 8 à 10 fois est idéal. Si vous êtes immobile, vous pouvez aussi envisager la longue vue qui nécessite un trépied.

Une fois l'oiseau détecté, toute la difficulté consiste à l'identifier. Dans les jungles ou les forêts tropicales, vous serez certainement accompagné d'un guide aguerri. Dans les régions européennes, où l'autonomie est la norme, l'exercice est plus délicat. Est-il rondouillard ou bien élancé ? Sa queue est-elle fourchue ou plutôt galbée ? Son bec est-il fuselé ? Ses ailes sont-elles pointues ou arrondies ? Vous vous poserez immanquablement ces questions. Observer les oiseaux est tout un art, réjouissant et passionnant. Outre la pléthore d'ouvrages publiés sur le sujet, il existe aussi des applications pour Smartphones qui aideront à leur identification.

La tête de la chouette lapone peut effectuer une rotation à 270 °.

La tortue verte affectionne particulièrement les eaux tropicales peu profondes.

Plongée et snorkeling

Explorer le monde du silence revient à s'évader sur une autre planète, surprenante, fascinante et intimidante.

La qualité et la richesse des fonds marins motivent souvent les plongeurs expérimentés dans la sélection de leur destination. S'il s'agit de votre première immersion en eaux profondes, assurez-vous que le club de plongée de votre choix est rattaché à l'organisme international Padi (Professional Association of Diving Instructors), dont les règles sont reconnues. C'est le cas de la plupart d'entre eux. Vous devrez être en possession d'un certificat médical attestant de votre bon état de santé, y compris pour un baptême. Les enfants devront être âgés d'au moins huit ans.
Se retrouver nez à nez avec, par exemple, une raie manta peut provoquer un choc. Le contrôle de sa respiration, un bon équipement et un encadrement adéquat sont les garanties d'une bonne plongée ou d'une simple exploration avec masque, tuba et palmes (snorkeling). Si vous optez pour le snorkeling, il est crucial de porter un tee-shirt et de vous protéger pour éviter des coups de soleil sur le dos et les jambes qui vous empêcheraient de revivre des moments exceptionnels.

Plonger responsable

Les plongeurs ont une incidence sur la faune et la flore marine. Afin de profiter au mieux des fonds marins en limitant votre impact, il est pertinent, avant de plonger, de comprendre les écosystèmes que vous allez approcher. Les coraux sont des espèces vivantes, tout comme les poissons. Aussi est-il important d'éviter tout contact, car ils peuvent aisément être infectés. Une bonne respiration sous l'eau est non seulement un gage de sécurité, mais permet aussi de réduire les risques d'instabilité qui peuvent s'avérer néfastes pour les coraux. Autre règle d'or : ne prélevez aucun élément. Coraux, sable, pierres ou coquillages appartiennent aux fonds marins. Enfin, préférez les petits groupes aux hordes de plongeurs qui se mettent à l'eau en même temps.

Photos et vidéos

Regarder est l'une des premières sources d'émotion. Puis viennent les photos ou les vidéos, des trophées collectés au cours d'un voyage. La technologie est juste un moyen de fabriquer des souvenirs.

La première condition pour réussir des photos consiste à bien connaître son appareil. Il serait hasardeux d'en découvrir le fonctionnement une fois sur place… Quelques heures d'avion, par exemple, sont le bon moment pour décrypter les instructions : comment supprimer le son du déclenchement ou le flash pour ne pas déranger les animaux ? Ou comment utiliser le programme qui permet de photographier les sujets en mouvement ?

Pour qui n'est pas un photographe professionnel, deux objectifs suffisent amplement. La qualité d'une photo résulte de la qualité des verres de la focale et, bien sûr, des réglages de votre appareil. La position automatique est souvent la meilleure garantie de réussir vos photos. Prendre des photos en rafale, tout en suivant un animal, multipliera vos chances de capter au moins une bonne image.

Par ailleurs, la lumière sera votre meilleure alliée. Les trois heures après le lever du soleil et le même laps de temps avant le coucher du soleil sont les moments idéaux. La lumière sera plus douce. Verticale, elle sera votre pire ennemi ! Dans tous les cas, privilégiez la qualité plutôt que la quantité. Et enfin, veillez toujours à vérifier le terrain derrière vous afin de ne pas vous blesser en reculant.

Voici quelques accessoires indispensables pour prendre vos photos dans les meilleures conditions :

- Un filtre protecteur pour objectif
- Des batteries de rechange
- Une batterie externe pour être en autonomie
- Des cartes à mémoire de secours
- Des sacs zippés pour protéger votre matériel de la poussière, de la pluie ou de l'humidité.

Réussir une vidéo

La vidéo demande quelques précautions. Elle consomme beaucoup de mémoire sur un appareil photo. Quel que soit le matériel, l'important est, en outre, d'éviter de zoomer à outrance. Même si la tentation est toujours grande ! Sachez que les images en pâtiront et que le résultat risque de s'avérer monotone. Mieux vaut être constant, agir de façon progressive et, surtout, s'abstenir de trembler. Pour se donner toutes les chances de stabiliser un film, pensez à vous tenir droit en écartant un peu les jambes pour un meilleur ancrage et à vous procurer un appui si vous le pouvez comme un arbre si vous êtes en forêt. Attention : il est fortement déconseillé de sortir de son véhicule en safari. Aucune image ne mérite le risque encouru. Le nettoyage de votre appareil est également de rigueur. Une poussière deviendra une tache indélébile sur vos images. De retour chez vous, le montage constitue une autre étape. Il existe plusieurs logiciels, faciles d'utilisation même pour un néophyte, qui permettent d'agréger de petites vidéos et d'y adjoindre une musique.

Qu'emporter avec soi ?

Vêtements et chaussures

Le confort et la sécurité sont les deux critères à retenir si vous envisagez un safari ou une randonnée en forêt tropicale. Vos vêtements seront amples et de préférence en coton, car le synthétique favorise la transpiration. Optez pour des couleurs les plus neutres possible (beige, marron, vert foncé...), car il est important de se fondre le plus possible dans le paysage. Pensez également aux différences de températures entre le jour et la nuit. Elles sont parfois extrêmes, notamment en Amérique du Sud. Emportez aussi une veste de pluie, des chaussettes épaisses (jungle), un chapeau et un foulard pour vous protéger de la poussière. De bonnes chaussures sont indispensables pour arpenter les chemins forestiers.

Randonnée dans la jungle

Matériel recommandé

Afin de protéger votre matériel (photos, vidéos, jumelles...) de la pluie, de l'humidité et de la poussière, les sacs en plastique zippés de congélation sont très pratiques.

Petit matériel : lampe frontale, gourde, lunettes de soleil, lingettes, couteau suisse, briquet, fil de nylon, cadenas, cordelette, carnet et stylos. Un petit sac à dos léger pour les balades est également conseillé. Des amandes ou des raisins secs sont toujours les bienvenus.

Pharmacie : crème solaire, répulsif antimoustiques, crème cicatrisante, pansements, antiseptiques, antidiarrhéiques, paracétamol, pince à épiler, petits ciseaux, pastilles de purification pour l'eau, gélules contre le mal d'altitude ou le mal de mer et boules Quiès.

Documents : photocopie de vos papiers d'identité, ordonnance pour les lunettes, certificat médical pour la plongée, permis de conduire international, carnet de vaccination, attestation d'assurance.

À chacun sa destination

Coût et durée du voyage, qualité des infrastructures, conditions sanitaires : un certain nombre de critères entrent en jeu dès lors qu'il s'agit de faire le choix d'une destination. Le tableau ci-dessous permet d'avoir une vision globale et de comparer facilement les caractéristiques de chaque pays.

	Coût moyen du billet aller/retour	Coût moyen du séjour	Précautions de santé	Papiers
FRANCE				
Alpes-Maritimes	Paris-Nice A/R : 100 €	Environ 2 000 € pour 15 jours TC		UE : CNI; Canada, Suisse : P
Baie de Somme		Environ 1 000 € pour une semaine TC		UE : CNI; Canada, Suisse : P
Bourgogne		Environ 200 € pour un week-end TC		UE : CNI; Canada, Suisse : P
Bretagne	Paris-Brest A/R : 100 €	Environ 1 500 € pour une semaine TC		UE : CNI; Canada, Suisse : P
Camargue	Paris-Arles A/R : 100 €	Environ 1 500 € pour une semaine TC		UE : CNI; Canada, Suisse : P
Pyrénées	Paris-Tarbes A/R : 100 €	Environ 1 500 € pour une semaine TC		UE : CNI; Canada, Suisse : P
MONDE				
Açores	Paris-Ponta Delgada A/R : 400 €	Environ 2 000 € pour 15 jours TC		UE : CNI; Canada, Suisse : P
Afrique du Sud	Paris-Johannesburg A/R : 700 €	À partir de 3 500 € pour 15 jours TC (safari)	DTP, PAP, protection antimoustiques	UE, Canada, Suisse : P

*Précautions : avant de partir, vérifiez systématiquement l'actualité du pays (conflits, terrorisme, enlèvements, épidémies) sur la page « Conseils aux voyageurs » du site du ministère des Affaires étrangères : www.diplomatie.gouv.fr/fr/conseils-aux-voyageurs.

CNI : carte nationale d'identité. FJ : fièvre jaune. DTP : diphtérie/tétanos/polio. P : passeport. PAP : plan antipaludisme. TC : tout compris. Précision : les tarifs figurant dans ce tableau ne sont que des estimations. Ils sont une moyenne des divers prix que nous avons relevés çà et là et n'ont donc aucun caractère officiel.

Transport au départ de Paris	Décalage horaire	Infrastructures	Risques*	Meilleure période	Affluence
FRANCE					
Paris-Nice : 1 heure 30 de vol (direct) Paris-Nice : 6 heures de train	Pas de décalage horaire	Infrastructures de très bonne qualité		Toute l'année	Forte pendant notre été
Paris-Saint-Quentin-en-Tourmont : 1 heure 20 en train	Pas de décalage horaire	Infrastructures de bonne qualité		Toute l'année	Forte pendant notre été
Paris-La-Charité-sur-Loire : 2 heures en train	Pas de décalage horaire	Infrastructures de bonne qualité		Mi-sept.-mi-oct. (brame du cerf)	Forte pendant notre automne
Paris-Brest : 4 heures 30 en train	Pas de décalage horaire	Hôtels	Tempêtes	Toute l'année	Forte, sauf pendant notre hiver
Paris-Arles : 3 heures 30 en train	Pas de décalage horaire	Hôtels		Toute l'année	Forte, surtout pendant notre été
Paris-Tarbes : 5 heures 30 en train	Pas de décalage horaire	Infrastructures de bonne qualité		Toute l'année	Très forte pendant notre été
MONDE					
Paris-Ponta Delgada : 5 heures 30 de vol (une ou deux escales)	Midi à Paris : 10 h à Ponta Delgada	Infrastructures de bonne qualité		Mai-oct.	Forte pendant notre été
Paris-Johannesbourg : 10 heures de vol (direct)	Pas de décalage horaire	Infrastructures de très bonne qualité	Éviter de sortir le soir à Johannesburg	Janv.-sept. (parc Kruger) ; oct.-déc. (Sodwana Bay)	Forte pendant notre été

	Coût moyen du billet aller/retour	Coût moyen du séjour	Précautions de santé	Papiers
Allemagne	Paris-Hambourg A/R : 150 €	Environ 2600 € pour 15 jours TC		UE : CNI ; Canada, Suisse : P
Antarctique	Paris-Ushuaia A/R : 1 100 €	Au minimum 8000 € pour 12 jours TC (croisière)		UE, Canada, Suisse : P
Arctique	Paris-Longyearbyen (via Oslo) A/R : 450 € ; Paris- Kangerlussuaq A/R : 900 €	Au minimum 8000 € pour 10 jours TC (croisière)		UE, Canada, Suisse : P
Argentine	Paris-Buenos Aires A/R : 800 €	Environ 2600 € pour 15 jours TC	DTP, protection antimoustiques au Nord-Est	UE, Canada, Suisse : P
Australie	Paris-Sydney A/R : 1 000 €	Au minimum 3000 € pour 15 jours TC		UE, Suisse : P, visa touristique eTA ou eVisitor ; Canada : P, eTA
Bahamas	Paris-Nassau A/R : 750 €	Au minimum 2000 € pour une semaine TC	DTP, protection antimoustiques	UE, Canada, Suisse : P
Bolivie	Paris-La Paz A/R : 1 050 €	Environ 2200 € pour 15 jours TC	DTP, FJ recommandé, PAP au-dessous de 2500 m	UE, Canada, Suisse : P
Botswana	Paris-Gaborone A/R : 950 €	À partir de 4500 € pour 15 jours TC (safari)	PAP recommandé toute l'année, protection antimoustiques, DTP	UE, Canada, Suisse : P
Brésil	Paris-Rio de Janeiro A/R : 750 €	Environ 3500 € pour 15 jours TC	DTP, FJ recommandé pour l'ouest, PAP recommandé en Amazonie	UE, Suisse : P, Canada : P et visa
Cambodge	Paris-Phnom Penh A/R : 700 €	Environ 2200 € pour 15 jours TC	PAP pour la plupart des régions, DTP	UE, Canada, Suisse : P, visa (possible à l'arrivée)
Canada	Paris-Montréal A/R : 550 €	Environ 3000 € pour 15 jours TC		UE, Suisse : P, autorisation de voyage électronique (eTA),
Chine	Paris-Pékin ou Shanghai A/R : 700 €	Environ 2500 € pour 15 jours TC	PAP pour le Hainan et le Yunnan, DTP	UE, Canada, Suisse : P, visa
Colombie	Paris-Bogotá A/R : 800 €	Environ 3000 € pour 15 jours TC	DTP, PAP et FJ pour l'Amazonie, protection antimoustiques	UE, Canada, Suisse : P

Transport au départ de Paris	Décalage horaire	Infrastructures	Risques*	Meilleure période	Affluence
Paris-Hambourg : 1 heure 30 de vol (direct)	Pas de décalage horaire	Infrastructures de très bonne qualité		Toute l'année	Forte pendant notre été
Paris-Ushuaia : 21 heures 30 de vol (une ou deux escales)	Midi à Paris : 5h à Ushuaia	Infrastructures de bonne qualité		Janv.-déc.	Moyenne pendant notre hiver
Paris-Longyearbyen : 10 heures de vol (une ou deux escales)	Pas de décalage horaire	Infrastructures de bonne qualité		Mai-sept.	Moyenne pendant notre été
Paris-Buenos Aires : 14 heures de vol (direct)	Midi à Paris : 7h en été, 8h en hiver à Buenos Aires	Pensions, chambres chez l'habitant	Vigilance requise dans les villes	Mars-oct.	forte pendant notre été
Paris-Sydney : 22 heures de vol (une ou deux escales)	Midi à Paris : 20h d'avr. à oct., 22h de nov. à mars à Sydney	Infrastructures de très bonne qualité		Sept.-avr. (Sydney) ; mai-octobre (nord)	Forte en fin d'année et pendant notre été au nord
Paris-Nassau : 12 heures de vol (escale)	Midi à Paris : 6h à Nassau	Guesthouses, hôtels haut de gamme		Janv.-avr. (saison sèche) ; mai.-nov. (ouragans)	Forte en mars-avril
Paris-La Paz : 16 heures de vol (escale)	Midi à Paris : 6h en été, 7h en hiver à La Paz	Hostales	Vigilance soutenue lors d'un voyage indépendant	Déc.-avr.	Forte pendant notre hiver
Paris-Gaborone : 13 heures de vol (une ou deux escales)	Pas de décalage horaire	Déplacements difficiles, camping, écolodges, lodges luxueux	Le 4 x 4 est fortement recommandé. Attention aux pistes sablonneuses	Mai-sept.	Faible
Paris-Rio de Janeiro : 11 heures de vol (direct)	Midi à Paris : 7h en été, 8h en hiver à Rio de Janeiro	Logement chez l'habitant, pousadas et quartos répandus	Insécurité latente dans les grandes villes et les favelas	Mai-oct. (Amazonie)	Forte pendant notre été
Paris-Phnom Penh : 15 heures de vol (escale)	Midi à Paris : 17h en été, 18h en hiver à Phnom Penh	Routes difficiles, location de voiture avec chauffeur préférable	Mieux vaut éviter de conduire son propre véhicule	Nov.-fév.	Forte pendant notre hiver
Paris-Montréal : 7 heures de vol (direct)	Midi à Paris : 7h en été, 8h en hiver à Montréal	Infrastructures de bonne qualité	Attention aux animaux sur les routes !	Juin-oct.	Forte pendant notre été
Paris-Pékin : 11 heures de vol (direct)	Midi à Paris : 18h en été, 19h en hiver à Pékin	Hébergement inégal et cher, réseau ferroviaire lent		Avril-oct.	Plus forte aux intersaisons
Paris Bogotá : 11 heures de vol (direct)	Midi à Paris : 5h en été, 6h en hiver à Bogotá	Hospedajes, hostales, residenciales	Vigilance dans les villes	Avr.-déc. (Amazonie) ; déc.-avr. (Santa Marta)	En nette progression

	Coût moyen du billet aller/retour	Coût moyen du séjour	Précautions de santé	Papiers
Costa Rica	Paris-San José A/R : 680 €	Environ 3 000 € pour 15 jours TC	DTP, protection antimoustiques	UE, Canada, Suisse : P
Écosse	Paris-Glasgow A/R : 180 €	Environ 2 000 € pour 15 jours TC		UE : CNI ; Canada, Suisse : P
États-Unis	Paris-Salt Lake City A/R : 1 000 € ; Paris-Miami A/R : 600 €	Au minimum 3 000 € pour 15 jours TC	Protection antimoustiques en Floride	UE, Suisse : P, autorisation de voyage électronique (ESTA) ; Canada : P
Gabon	Paris-Libreville A/R : 780 €	À partir de 3 000 € pour 14 jours TC (safari)	PAP et FJ	UE, Canada, Suisse : P
Galápagos	Paris-îles Galápagos A/R : 1000 €	Au minimum 4 000 € pour 15 jours TC	FJ recommandé, PAP, DTP, protection antimoustiques	UE, Canada, Suisse : P
Inde	Paris-New Dehli A/R :500 €	Environ 2 800 € pour 15 jours TC	PAP au-dessous de 2 000 m, DTP	UE, Canada, Suisse : P, visa
Indonésie	Paris-Jakarta, Padang (Sumatra) ou Kota Kinabalu (Kalimantan) A/R : 700 €	Environ 2 500 € pour 15 jours TC	PAP hors Jakarta, Java, DTP	UE, Canada, Suisse : P
Kenya	Paris-Nairobi : A/R : 550 €	À partir de 3 000 € pour 14 jours TC (safari)	FJ recommandé, PAP, DTP, protection antimoustiques	UE, Canada, Suisse : P
Madagascar	Paris-Antananarivo A/R : 870 €	À partir de 2 000 € pour 15 jours TC	FJ recommandé, PAP, DTP, protection antimoustiques	UE, Canada, Suisse : P, visa
Malaisie	Paris-Kuala Lumpur A/R : 600 €	Au minimum 3 000 € pour 15 jours TC	DTP, risque limité de paludisme dans l'intérieur	UE, Canada, Suisse : P
Maldives	Paris-Malé A/R : 700 €	Environ 3 200 € pour 15 jours TC	DTP	UE, Canada, Suisse : P
Mexique	Paris-Mexico A/R : 550 €	Environ 2 800 € pour 15 jours TC	DTP, protection antimoustiques	UE, Canada, Suisse : P
Namibie	Paris-Windhoek A/R : 820 €	À partir de 4 000 € pour 15 jours TC	PAP, pas de transmission dans les deux tiers sud du pays, y compris à Windhoek	UE, Canada, Suisse : P

Transport au départ de Paris	Décalage horaire	Infrastructures	Risques*	Meilleure période	Affluence
Paris-San José : 11 heures de vol (direct)	Midi à Paris : 4 h en été, 5 h en hiver à San José	Écolodges, bungalows	Activités volcaniques	Déc.-avril	De plus en plus forte de décembre à février
Paris-Glasgow : 2 heures de vol (direct)	Midi à Paris : 11 h en été, midi en hiver	Infrastructures de bonne qualité		Avr.-oct.	Forte pendant notre été
Paris-Salt Lake City : 11 heures de vol (direct) Paris-Miami : 8 heures 30 (direct)	Midi à Paris : 4 h en été, 5 h en hiver, 6 h en été, 7 h en hiver	Infrastructures de bonne qualité		Avr.-sept. (Ouest) ; juil.-oct. (Est) ; nov.-avr. (Alaska)	Parc Yellowstone très fréquenté en été
Paris-Libreville : 7 heures de vol (direct)	Midi à Paris : 11 h en été, Midi en hiver à Libreville	Routes parfois difficiles, campings, écolodges, lodges	Le 4 x 4 est fortement recommandé, avec ou sans chauffeur	Toute l'année	Faible
Paris-îles Galápagos : 16 heures de vol (deux escales)	Midi à Paris : 5 h en été, 6 h en hiver à Quito	Hostales, haciendas	Éviter de déroger aux règles strictes en vigueur	Toute l'année (avr. pluvieux)	De plus en plus forte
Paris-Delhi : 8 heures de vol (direct)	Midi à Paris : 15 h 30 en été, 16 h 30 en hiver à Calcutta	Routes difficiles, trains bondés, hébergement inégal	Le voyage dans la vallée du Cachemire est déconseillé.	Janv.-déc. (Himalaya), janv.-mars (Rajasthan)	Forte entre novembre et avril
Paris-Jakarta : 19 heures de vol (escale)	Midi à Paris : 17 h en été, 18 h en hiver selon les régions	Bus et trains corrects, hébergement varié	Éviter de se baigner dans les rivières. Bien se protéger dans les forêts	Janv.-avr/juin-juil. (Sumatra) ; mars-oct. (Java) ; mars-nov. (Kalimantan)	Forte pendant notre été
Paris-Nairobi : 8 heures de vol (direct)	Midi à Paris : 13 h en été, 14 h en hiver	Bon réseau routier, du camping aux lodges luxueux	Le professionnalisme des guides	Déc.-mars/juil.-oct.	Très forte pendant notre été (parcs nationaux)
Paris-Antananarivo : 11 heures 30 de vol (direct)	Midi à Paris : 13 h en été, 14 h en hiver	Routes en mauvais état, longs trajets, hébergements parfois sommaires	L'état sanitaire	Mai-nov. (nord) ; sep-oct. (est)	Moyenne
Paris-Kuala Lumpur : 12 heures 30 de vol (direct)	Midi à Paris : 18 h en été, 19 h en hiver à Kuala Lumpur	Moins de confort à Sarawak et à Sabah	Éviter la zone côtière du nord-est de Sabah	Mars-oct. (péninsule) ; juin-août (Bornéo)	Moyenne
Paris-Malé : 11 heures de vol (direct)	Midi à Paris : 15 h en été, 16 h en hiver à Malé	Hydravions et dhonis (bateaux de pêche), « îles-hôtels »	Naturisme et monokini sont interdits. Pas de consommation d'alcool hors des hôtels	Déc.-mai	Moyenne, mais forte lors des fêtes de fin d'année
Paris-Mexico : 12 heures de vol (direct)	Midi à Paris : 5 h à Mexico	Hôtels, campings	Vigilance requise. Virus Zika dans certaines régions	Nov.-mars	Forte à Mexico, moyenne dans le Yucatán
Paris-Windhoek : 10 heures de vol (direct)	Pas de décalage horaire	Infrastructures routières et hôtelières acceptables	Accidents de la route fréquents	Déc.-mars (côte) ; avr.-oct. (réserves)	Faible

	Coût moyen du billet aller/retour	Coût moyen du séjour	Précautions de santé	Papiers
Népal	Paris-Katmandou A/R : 600 €	Environ 2 500 € pour 15 jours TC	PAP dans le Sud	UE, Canada, Suisse : P, visa
Norvège	Paris-Oslo A/R : 150 €	Environ 3 000 € pour 15 jours TC	Protection antimoustiques en été	UE : CNI ; Canada, Suisse : P
Ouganda	Paris-Kampala A/R : 800 €	À partir de 3 000 € pour 15 jours TC (safari)	FJ recommandé, PAP, DTP, protection antimoustiques	UE, Canada, Suisse : P, visa électronique
Pérou	Paris-Lima A/R : 650 €	Environ 3 000 € pour 15 jours TC	DTP, FS (Amazonie), protection antimoustiques	UE, Canada, Suisse : P
Philippines	Paris-Manille A/R : 650 €	Environ 2 800 € pour 15 jours TC	PAP au-dessous de 600 m, sauf zones urbaines	UE, Canada, Suisse : P
Pologne	Paris-Varsovie A/R : 250 €	Environ 1 200 € pour une semaine TC	Protection antimoustiques	UE : CNI ; Canada, Suisse : P
Roumanie	Paris-Bucarest A/R : 200 €	Environ 1 500 € pour 15 jours TC		UE : CNI ; Canada, Suisse : P
Rwanda	Paris-Kigali A/R : 750 €	À partir de 2 500 € pour 15 jours TC (safari)	FJ recommandé, PAP, DTP, protection antimoustiques	UE, Canada, Suisse : P
Sri Lanka	Paris-Colombo A/R : 600 €	2 000 € pour 15 jours TC	Risque faible de paludisme, protection antimoustiques	UE, Canada, Suisse : P, autorisation électronique (ETA) obligatoire
Tanzanie	Paris-Dar es-Salaam A/R : 800 €	À partir de 4 500 € pour 15 jours TC (safari)	PAP au-dessous de 1 800 m, DTP, protection antimoustiques	UE, Canada, Suisse : P, visa à l'arrivée
Thaïlande	Paris-Bangkok A/R : 530 €	Environ 2 800 € pour 15 jours TC	PAP dans les zones rurales	UE, Canada, Suisse : P
Zimbabwe	Paris-Harare A/R : 850 €	À partir de 4 500 € pour 15 jours TC (safari)	PAP, DTP, protection antimoustiques	UE, Canada, Suisse : P

Transport au départ de Paris	Décalage horaire	Infrastructures	Risques*	Meilleure période	Affluence
Paris-Katmandou : 9 heures de vol (direct)	Midi à Paris : 15 h 45 en été, 16 h 45 en hiver à Katmandou	Bonnes conditions d'hébergement et de déplacements	Situation politique instable	Janv-avr./sept.-oct. (Chitwan) ; mars-juil. (est)	Moyenne
Paris-Oslo : 2 heures de vol (direct)	Pas de décalage horaire	Infrastructures de bonne qualité		Mai-sept.	Moyenne
Paris-Kampala : 9 heures de vol (direct)	Midi à Paris : 12 h en été, 13 h en hiver	Infrastructures routières et hôtelières acceptables	Éviter de franchir la frontière avec la République démocratique du Congo	Déc.-fév./juin-août	Faible
Paris-Lima : 12 heures de vol (direct)	Midi à Paris : 5 h en été, 6 h en hiver à Lima	Chambres chez l'habitant, hôtels	Ne pas voyager dans certaines régions centrales	Juin-nov. (Amazonie) ; juin-août (Andes)	Moyenne
Paris-Manille : 16 heures de vol (escale)	Midi à Paris : 18 h en été, 19 h en hiver à Manille	Infrastructures de bonne qualité	Éviter de voyager dans l'extrême sud-ouest	Janv.-août	Moyenne
Paris-Varsovie : 2 heures de vol (direct)	Pas de décalage horaire	Infrastructures de bonne qualité		Mai-oct.	Faible
Paris-Bucarest : 3 heures de vol (direct)	Midi à Paris : 13 h en été, 14 h en hiver à Bucarest	Infrastructures de bonne qualité	Ne pas se promener seul en forêt	Mars-oct.	Faible
Paris-Kigali : 8 heures 30 de vol (direct)	Pas de décalage horaire	Infrastructures routières et hôtelières en amélioration	Le 4 x 4 est fortement recommandé. Ne pas circuler seul la nuit	Juin-sept.	Faible
Paris-Colombo : 11 heures de vol (direct)	Midi à Paris : 15 h 30 en été, 16 h 30 en hiver à Colombo	Bon réseau de trains, routes et hébergement de bonne qualité	Les serpents en forêt	Avr.-oct. (nord) ; déc.-mars (sud)	Moyenne à forte en janvier et février
Paris-Dar es-Salaam : 10 heures de vol (direct)	Midi à Paris : 13 h en été, 14 h en hiver à Dar es-Salaam	Bonnes infrastructures routières, du camping aux lodges luxueux	Éviter de conduire la nuit. Instabilité dans la région frontalière avec le Burundi	Janv.-fév./mai-oct.	Très forte pendant notre été (parcs nationaux)
Paris-Bangkok : 11 heures de vol (direct)	Midi à Paris : 17 h en été, 18 h en hiver à Bangkok	Bons réseaux routier et ferroviaire	Éviter l'extrême sud du pays. Attention aux accidents de la route	Nov.-fév./juin-août (Nord) ; juil.-mars (Sud)	Forte sur les plages en fin d'année
Paris-Harare : 10 heures de vol (direct)	Pas de décalage horaire	Infrastructures routières et hôtelières en amélioration	Respecter les consignes de sécurité	Mai-sept.	Faible

Les périodes à préférer

Contrairement aux clichés, le ciel et l'atmosphère des tropiques sont tout sauf éternellement sereins. Et surtout, la meilleure période climatique n'est pas toujours la plus propice pour voir les animaux. Aussi, dans ce tableau, avons-nous rassemblé toutes les destinations de ce guide, pour que soyez sûr de partir au meilleur moment.

	Janvier	Février	Mars	Avril	Mai	Juin	Juillet	Août	Sept.	Oct.	Nov.	Déc.
FRANCE												
Alpes-Maritimes	Orange	Orange	Orange	Vert	Vert	Vert	Vert	Vert	Vert	Vert	Orange	Orange
Baie de Somme	Orange	Orange	Orange	Vert	Vert	Vert	Vert	Vert	Vert	Vert	Orange	Orange
Bourgogne	Orange	Orange	Orange	Vert	Vert	Vert	Vert	Vert	Vert	Vert	Orange	Orange
Bretagne	Orange	Orange	Orange	Orange	Vert	Vert	Vert	Vert	Vert	Vert	Orange	Orange
Camargue	Orange	Orange	Orange	Vert	Vert	Vert	Vert	Vert	Vert	Vert	Orange	Orange
Pyrénées	Orange	Orange	Orange	Orange	Vert	Vert	Vert	Vert	Vert	Vert	Orange	Orange
MONDE												
Açores	Orange	Orange	Orange	Orange	Orange	Vert	Vert	Vert	Vert	Vert	Vert	Vert
Afrique du Sud	Orange	Orange	Orange	Orange	Orange	Vert	Vert	Vert	Vert	Vert	Vert	Vert
Allemagne	Orange	Orange	Orange	Orange	Vert	Vert	Vert	Vert	Vert	Vert	Orange	Orange
Antarctique	Vert	Vert	Vert	Orange	Orange	Orange	Orange	Orange	Orange	Orange	Orange	Vert
Arctique	Orange	Orange	Orange	Orange	Orange	Vert	Vert	Vert	Vert	Orange	Orange	Orange
Argentine	Vert	Vert	Vert	Vert	Vert	Vert	Vert	Vert	Vert	Vert	Vert	Vert
Australie	Orange	Orange	Vert	Vert	Vert	Vert	Vert	Vert	Vert	Vert	Vert	Orange
Bahamas	Vert	Vert	Vert	Vert	Vert	Rouge (ouragans possibles)	Rouge	Rouge	Rouge	Rouge	Vert	Vert
Bolivie	Orange	Orange	Orange	Vert	Vert	Orange	Orange	Orange	Vert	Vert	Vert	Orange
Botswana	Orange	Orange	Orange	Orange	Vert	Vert	Vert	Vert	Vert	Vert	Vert	Orange
Brésil	Orange	Orange	Rouge (fortes pluies)	Rouge	Orange	Vert	Vert	Vert	Vert	Vert	Vert	Orange
Cambodge	Vert	Vert	Vert	Vert	Vert	Vert	Orange	Orange	Orange	Vert	Vert	Vert
Canada	Vert	Vert	Vert	Vert	Orange	Orange	Orange	Orange	Orange	Orange	Vert	Vert
Chine	Orange	Orange	Orange	Orange	Vert	Vert	Vert	Vert	Vert	Vert	Vert	Vert
Colombie	Vert	Vert	Vert	Vert	Vert	Vert	Orange	Orange	Orange	Orange	Vert	Vert

Nous avons opté pour les trois couleurs traditionnelles en la matière : en rouge, les mois formellement déconseillés, soit parce que la chaleur est insupportable, soit parce que des cyclones peuvent survenir ; en orange, les mois passables, une averse tropicale étant souvent et rapidement suivie de soleil ; en vert, les mois à préférer. Ce tableau répertorie uniquement les pays présentant de fortes disparités climatiques.

Pages suivantes : grâce à leurs sauts, les dauphins réduisent l'effort à fournir dans leur course.

LÉGENDE DES CARTES DESTINATIONS

- Capitale
- Ville importante
- Autre ville

Faune terrestre

- Éléphants
- Rhinocéros
- Grands félins
- B5 « Big Five » (lion, léopard, éléphant, buffle, rhinocéros)
- Girafes
- Primates
- Singes
- Kangourous
- Koalas
- Ongulés, animaux à cornes
- Ours
- Bisons
- Lamas
- Reptiles

Faune aviaire

- Oiseaux communs
- Oiseaux aquatiques
- Oiseaux exotiques
- Rapaces
- Échassiers
- Papillons, insectes

Faune aquatique

- Poissons exotiques
- Requins
- Dauphins
- Baleines
- Raies mantas
- Tortues
- Crocodiles
- Phoques, otaries, morses
- Pingouins

- ★ Espèces endémiques
- Site classé au patrimoine naturel de l'Unesco

Baie de Somme
p. 42
Bretagne
p. 48
Bourgogne
p.46
Alpes-Maritime
p. 48
Camargue
p.50
Pyrénées
p. 54
NORVÈGE
p. 152
ALLEMAGNE
p. 68
POLOGNE
p. 162
ROUMANIE
p. 164
Mer Méditerranée
Océan
Pacifique
Mer de Chine orientale
CHINE
p. 98
NÉPAL
p. 148
INDE
p. 120
THAÏLANDE
p. 180
Golfe du Bengale
Mer d'Oman
Mer des Philippines
PHILIPPINES
p. 160
CAMBODGE
p. 90
MALAISIE
p. 134
MALDIVES
p. 138
SRI LANKA
p. 172
INDONÉSIE
p. 124
OUGANDA
p. 154
KENYA
p. 128
GABON
p. 116
RWANDA
p. 168
TANZANIE
p. 174
ZIMBABWE
p. 182
MADAGASCAR
p. 130
NAMIBIE
p. 144
BOTSWANA
p. 84
AFRIQUE DU SUD
p. 62
Océan
Indien
AUSTRALIE
p. 76
Mer de Tasman

Les destinations

La liste ci-dessous répertorie les destinations France et monde présentées dans ce guide.

La France

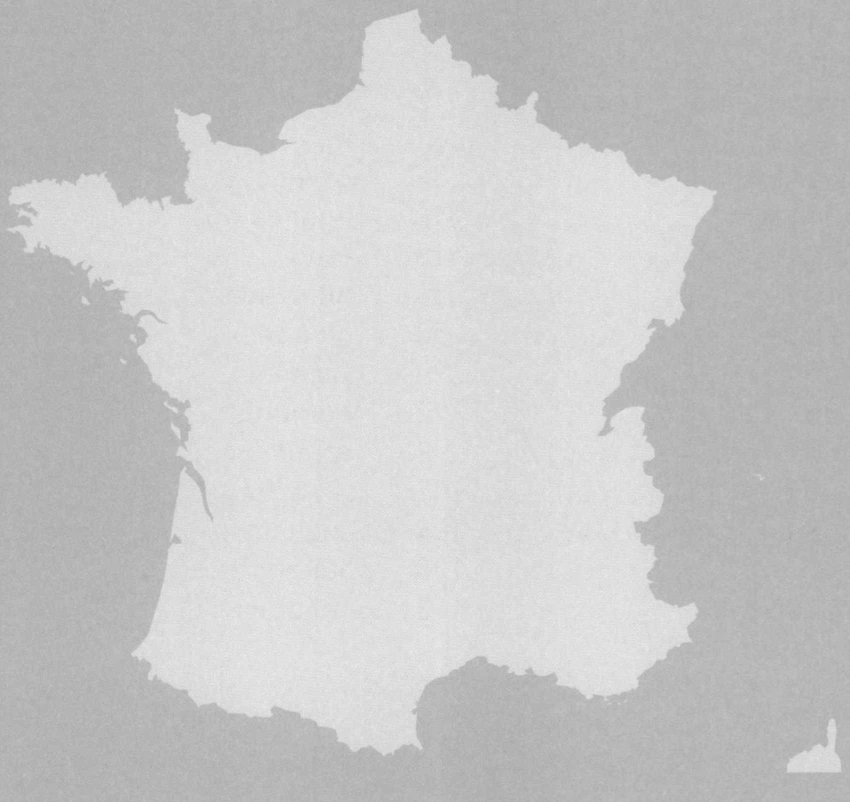

Alpes-Maritimes

Les Alpes-Maritimes sont un patchwork de montagnes, de prairies, de forêts et de vallées où se nichent des villages paisibles. Du parc national du Mercantour à la réserve biologique des monts d'Azur, à Thorenc, le monde animal se développe en toute liberté mais sous haute protection.

LE PARC NATIONAL DU MERCANTOUR

Tout près de la Méditerranée, le long de la frontière avec l'Italie, au nord de la Provence, ce parc couvre quelque 68 000 ha et offre une biodiversité unique en Europe. Une soixantaine de mammifères coexistent dans le massif, dont le chamois, la marmotte ou l'hermine. Mais ne comptez pas sur une rencontre avec le loup… En revanche, restez à l'affût des oiseaux – 150 espèces migratrices ou sédentaires – tels que les gypaètes barbus, les tétras lyreq ou encore les faucons pèlerins et les aigles royaux qui exécutent d'incroyables chorégraphies célestes. La richesse de la faune est exceptionnelle. Le Mercantour compte de nombreuses « maisons », lieux d'accueil réservés aux visiteurs. Le parc est très réglementé afin de protéger les espèces animales et végétales. Ici, le calme est de rigueur et la chasse bannie. Seules quelques voies sont ouvertes à la circulation de véhicules motorisés. Rien ne se ramasse, à part ses propres déchets. Vos jambes seront vos meilleurs atouts pour des randonnées prometteuses.

LA RÉSERVE BIOLOGIQUE DES MONTS D'AZUR

Située à Thorenc à environ 60 km de Nice, la réserve biologique des monts d'Azur est née de la volonté de protéger et de développer des espèces animales et végétales. Aujourd'hui, ce lieu étonnant, le premier de ce type en Europe, permet de découvrir, entre autres, une faune évoluant en toute liberté sur 700 ha.

QUAND PARTIR ?

	Parc du Mercantour	Réserve biologique des monts d'Azur
Janvier	👁	👁
Février	👁	👁
Mars	👁	👁
Avril	👁	👁
Mai	👁	👁
Juin	👁	👁
Juillet	👁	👁
Août	👁	👁
Septembre	👁	👁
Octobre	👁	👁
Novembre	👁	
Décembre	👁	

CARNET DE VOYAGE

- **Les premiers contacts** Réserve biologique des monts d'Azur, domaine du haut-Thorenc, 2651 route des Châteaux, Thorenc, 04 93 60 00 78, www.haut-thorenc.com, grassetourisme.fr, www.tourisme-alpes-haute-provence.com. Parc du Mercantour : secteur Ubaye, 04 92 81 21 31 ; secteur haut-Verdon-Val-d'Allos : Allos, 04 92 83 02 81 et Colmars, 04 92 83 41 92, www.parc-mercantour.eu. Maison du parc : www.barcelonnette.com.
- **Les fêtes** **Mi-mai :** Fête de la nature.

Le renard roux peut vivre jusqu'à 3000 m d'altitude.

C'est ainsi que vous pourrez rencontrer des animaux qui furent proches de l'extinction tels les bisons d'Europe, venus de la **forêt de Białowieża**, en Pologne, et des chevaux de Przewalski, provenant de divers zoos et vivant désormais à leur gré dans la réserve. Voir ces deux espèces cohabiter sur une même terre, comme ce fut le cas autrefois, représente une expérience unique. À leurs côtés, vous aurez aussi l'occasion d'observer des cerfs, des chamois, des sangliers, des renards…

Selon la saison, vous aurez le plaisir de vous adonner à des explorations à pied, en raquette ou en traîneau. Dans la réserve, des cabanes d'observation vous permettront aussi de voir en toute discrétion sans être vu.

Au printemps, vous apercevrez des faons gambader et de jeunes bisons s'élancer dans les prairies. En été, les espaces ouverts par les grands cervidés sont investis par les chevreuils ou les lièvres. En automne, le brame du cerf annonce le temps des amours tandis qu'en hiver, les sous-bois deviennent le refuge des animaux en quête de nourriture.

QUE VOIR, QUE FAIRE DANS LES ALPES-MARITIMES ?

Vallée des Merveilles

- Le plus grand site de gravures rupestres d'Europe.

Gorges de Daluis

- Rencontrer la faune dans les sommets du Mercantour.

Lac d'Allos

- Admirer la faune depuis le mont Pelat à 3050 m d'altitude.

Réserve biologique des monts Azur

- Loger dans une grande tente sur pilotis.

LES CONSEILS GEO

Les plus

Passer de paysages montagneux à la Méditerranée en peu de temps.

Les moins

En hiver, la neige impose la fermeture de plusieurs sentiers.

Les précautions

Préparez vos randonnées afin d'éviter de vous égarer. Ne cueillez pas de fruits ou de fleurs le long du chemin, par souci de préservation de l'environnement, mais également du fait de la toxicité de certaines espèces.

Baie de Somme

À chaque saison et au rythme des marées, la baie de Somme, qui s'étend de la pointe du Hourdel au Crotoy, est baignée d'une lumière merveilleuse. Abritant l'un des plus grands estuaires du nord de la France, cette région est le refuge de milliers d'oiseaux migrateurs, mais aussi de la plus grande colonie française de phoques.

LA RÉSERVE NATURELLE NATIONALE DE LA BAIE DE SOMME

Elle s'ouvre sur la Manche, entre la pointe de **Saint-Quentin-en-Tourmont** (nord) et celle du **Hourdel** (sud). La réserve est l'un des espaces les plus protégés de France. Outre les oiseaux, comme la spatule blanche qui choisit ce site pour se reproduire, ce lieu est le refuge de plusieurs centaines de phoques : les veaux marins et les phoques gris. Les premiers, dont le pelage aux nuances de gris est tacheté de noir, s'accouplent en septembre pour des naissances en été. La réserve est alors confrontée à un réel défi : l'afflux touristique pendant la période estivale est de plus en plus perturbant pour ces animaux. En effet, s'ils se sentent dérangés, les veaux marins n'hésitent pas à quitter les bancs de sable en abandonnant derrière eux leurs petits. De leur côté, les phoques gris ne se reproduisent pas dans la réserve. Vous les verrez à marée basse. Une distance d'au moins 300 m est exigée. Jumelles recommandées ! Des visites guidées sont organisées dans la réserve.

LE PARC ORNITHOLOGIQUE DU MARQUENTERRE

Situé au cœur de la réserve naturelle de la **baie de Somme**, ce parc de 200 ha est réputé pour accueillir des milliers d'oiseaux, pour la plupart migrateurs. En provenance du nord de l'Europe, échassiers, hérons cendrés, avocettes, barges à queue noire, bernaches nonnettes et bien d'autres espèces – plus de 300 – prennent leurs quartiers dans un paysage constellé de marais,

QUAND PARTIR ?

	Oiseaux migrateurs	Phoques
Janvier	🔭	👁
Février	🔭	👁
Mars	🔭	👁
Avril	🔭	👁
Mai	🔭	👁
Juin	🔭	👁
Juillet	🔭	👁
Août	🔭	👁
Septembre	🔭	👁
Octobre	🔭	👁
Novembre	🔭	👁
Décembre	🔭	👁

LES CONSEILS GEO

- **Les plus**
Des sites naturels exceptionnels. Nombreuses activités proposées. Les guides naturalistes.

- **Les moins**
L'affluence pendant l'été.

- **Les précautions**
Apportez des bottes pour circuler aisément à marée basse.

CARNET DE VOYAGE

- **Les premiers contacts** Offices du tourisme régionaux : 2, place Aristide-Briand, Cayeux-sur-Mer, 03 22 26 61 15 et 2, place Guillaume-le-Conquérant, Saint-Valery-sur-Somme, 03 22 60 93 50, www.tourisme-baiedesomme.fr ; 1, rue Carnot, Crotoy, 03 22 27 05 25, www.crotoybaiedesomme.com ; 1, place de l'Amiral-Courbet, Abbeville, 03 22 24 27 92, www.abbeville-tourisme.com.

- **Les fêtes** **Avril** : Festival de l'oiseau et de la nature ; **1er week-end de juin** : Festival des cerfs-volants.

La baie de Somme abrite la plus grande colonie française de phoques.

de forêts et de dunes. Ces oiseaux suivent un calendrier précis qui se répète d'année en année. Hormis trois parcours balisés, il existe une douzaine de postes d'observation pour les apercevoir à bonne distance, sans toutefois les déranger. En période hivernale, des centaines de canards viennent se poser.
Au printemps, vous pourrez observer la couvaison, l'éclosion et l'élevage des oisillons de différentes espèces. Octobre est la période durant laquelle le plus grand nombre de volatiles, comme les passereaux, survolent le parc. Toutes sortes d'activités sont proposées. Des guides naturalistes vous apprendront à identifier les espèces, à décrypter certains chants ou à comprendre la façon dont les oiseaux évoluent dans le ciel. Une découverte passionnante dans un environnement de toute beauté.

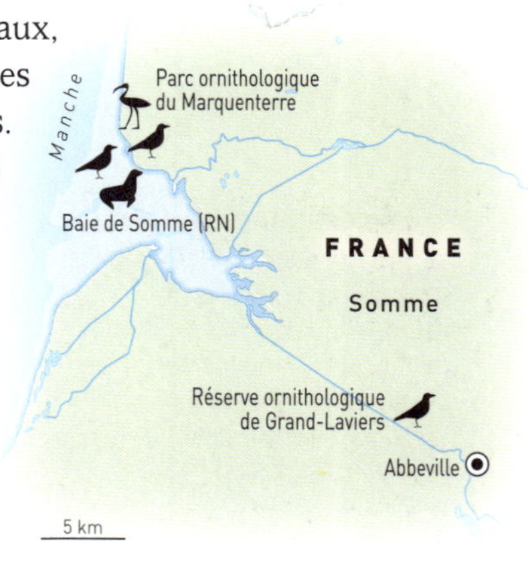

QUE VOIR, QUE FAIRE EN BAIE DE SOMME ?

Réserve ornithologique de Grand-Laviers

- Aux portes d'Abbeville, des panneaux pédagogiques s'échelonnent le long du parcours. Idéal avec des enfants.

Réserve naturelle de la baie de Somme

- Location de vélos. Un bon réseau de pistes cyclables.

Maison de la baie de Somme et de l'oiseau

- Carrefour du Hourdel, à Lanchères. Ateliers et sorties organisés.

Randonnées équestres

- Chevauchée en pleine nature sur un cheval henson.

Pages suivantes : la baie de Somme entre Saint-Valery-sur-Somme et le Crotoy.

Bourgogne

Chaque année, mi-septembre, la saison des amours s'annonce avec le brame du cerf qui résonne du fin fond des forêts. Un son profond, un râle, un beuglement... L'animal tout-puissant rée pour attirer la biche et éloigner ses rivaux. Ce moment intense suscite une belle émotion chez ceux qui, tapis derrière un arbre au petit matin, sont tout ouïe pour le cri de la conquête.

LE BRAME DU CERF

Majestueux, il lève la tête, tend son cou, dresse ses bois en arrière, prêt à émettre un grondement rauque afin d'avertir de sa présence la harde de biches et les daguets. Durant la période du rut, allant de mi-septembre à mi-octobre, les biches sont réceptives. Elles sont fécondes sur une période très courte, environ une journée, alors que les mâles peuvent s'accoupler pendant plusieurs semaines. Ils deviennent alors très territoriaux. Les jeunes en quête de leur première harde mettent à l'épreuve les plus anciens, qui feront tout pour sauvegarder la leur. Le brame a pour but d'intimider les « intrus ». Un premier défi sonore avant de passer à un éventuel combat. Les jeunes cerfs auront alors bien du mal à s'imposer. Il arrive parfois que l'issue du duel soit fatale pour l'un d'entre eux.

Cette période de rut est exténuante pour un mâle : outre les accouplements avec les femelles réceptives, il doit protéger toute sa harde et éloigner les adversaires, et ce, jour et nuit. Le plus grand ongulé de France, qui peut peser jusqu'à 230 kg, perd entre 15 et 20 kg une fois le rut terminé ! Mais, devenu vulnérable, il risque de voir un jeune mâle prendre sa harde.

Pour vivre l'expérience du brame du cerf, vous devrez vous enquérir de la période exacte. Une forte chaleur en été peut entraîner une période de rut plus tôt en septembre. Il est bien sûr possible de s'aventurer seul ou en famille en forêt. L'important est de s'y rendre très tôt le matin ou tard le soir. Le silence est une règle d'or et patience et discrétion sont les maîtres mots. Il ne fait aucun doute que vous entendrez le brame, mais vos

QUAND PARTIR ?

	Brame du cerf
Septembre	👁
Octobre	👁

LES CONSEILS GEO

• Les plus

La beauté automnale de la région.

• Les moins

Une courte période qui attire de plus en plus de touristes.

• Les précautions

Assurez-vous de porter des vêtements sombres. Apporter des jumelles et de l'eau. Évitez de prendre des photos avec un flash.

CARNET DE VOYAGE

• Les premiers contacts

Offices du tourisme : www.bourgogne-tourisme.com ; www.cotedor-tourisme.com ; www.nievre-tourisme.com ; www.tourisme-yonne.com ; www.parcdumorvan.org.

• Les fêtes **Août** : Nuit internationale de la chauve-souris à Arcy-sur-Cure, dans l'Yonne (www.shna-autun.net) ; **Mai** : Fête de la nature ; **Mai-juin** : semaine du développement durable.

Il n'est pas rare d'entendre s'entrechoquer les bois des mâles qui s'affrontent dans les sous-bois.

chances d'apercevoir les animaux à la lisière des bois sont plus incertaines. Dans tous les cas, vous passerez un week-end merveilleux dans la beauté automnale de la Bourgogne.

Les **massifs de Boux-Limanton**, dans le **Morvan**, la **forêt des Bertranges**, au cœur de la **Nièvre**, ou les forêts domaniales de l'**Yonne** font partie des lieux à découvrir.

N'hésitez pas à contacter les offices du tourisme de la région ainsi que l'Office national des forêts. Il existe un grand choix de sorties nocturnes organisées. Les naturalistes auront beaucoup d'histoires à vous raconter et, surtout, ils vous donneront des explications sur ce spectacle naturel et vous apprendront aussi à voir sans être vu.

QUE VOIR, QUE FAIRE EN BOURGOGNE ?

Fermes écologiques

- Dans toute la région, il existe des fermes à visiter avec des enfants.

Parc naturel de Boutissaint

- Situé à 9 km à Treigny en Puisaye, dans l'Yonne. Sorties organisées pour le brame du cerf. Autres animaux présents sur 400 ha (sangliers, daims, mouflons...).

Bretagne

Ouessant, l'île sentinelle, évoque un « bout du monde ». Falaises déchiquetées par les flots, paysages de landes et de bruyères sont battus par des vents entêtants. La puissance des éléments n'est pas un vain mot sur cette petite terre bretonne, située à l'extrême ouest de la France, entre la Manche, la mer d'Iroise et l'océan Atlantique. Autre paradis pour les oiseaux : l'archipel des Sept-Îles, au large de la côte nord de la Bretagne. Un véritable enchantement, loin de toute effervescence.

L'ÎLE D'OUESSANT

Autrefois théâtre de nombreux naufrages, souvent prise sous des tempêtes spectaculaires, Ouessant est résolument sauvage. Pour les ornithologues, l'île, réserve de biosphère de l'Unesco, est une Mecque. Elle est un site important de nidification pour des colonies d'oiseaux marins, comme le cormoran huppé, le macareux moine ou le goéland, si caractéristique avec sa touche de rouge sur le bec. Elle constitue également une pause automnale pour de nombreux volatiles migrateurs venus d'Europe du Nord. Quelque 400 espèces élisent domicile de façon temporaire ou sédentaire sur cette terre située dans l'**archipel de Molène**, à 20 km du continent. Le Créac'h, l'un des cinq phares qui, de leur faisceau, bercent les nuits ouessantines, serait un point de repère pour les passereaux qui migrent la nuit. Il est possible de faire le tour de l'île à vélo, en une journée. Mais quelques jours sur place permettent de s'immerger dans la vie paisible insulaire. Vous pourrez rencontrer des moutons noirs et, sans aucun doute, des lapins. À différentes saisons, il vous sera possible d'observer des phoques et parfois des grands dauphins, en particulier depuis la côte nord.

QUAND PARTIR ?

	Ouessant	Sept-Îles
Avril	👁	👁
Mai	👁	👁
Juin	👁	👁
Juillet	👁	👁
Août	👁	👁
Septembre	👁	👁
Octobre	👁	

LES CONSEILS GEO

- **Les plus**
Une biodiversité unique.

- **Les moins**
L'affluence en été.
Horaires des traversées soumis aux marées.

- **Les précautions**
Uniquement deux distributeurs bancaires à Ouessant, fermés le soir.
Ne ramassez pas les galets.

CARNET DE VOYAGE

- **Les premiers contacts**
Offices du tourisme : Ouessant, bourg de Lampaul, 02 98 48 85 83, www.ot-ouessant.fr ; Sept-Îles, 11, rue des Chardons, Pleumeur-Bodou, 02 96 23 91 47, www.pleumeur-bodou.com ; Perros-Guirec, 21, place de l'Hôtel-de-ville, 02 96 23 21 15, tourisme.perros-guirec.com ; Pleumeur Bodou, station LPO de l'Île-Grande, 02 96 91 91 40, sept-iles.lpo.fr.

- **S'y rendre** Ouessant : traversée maritime toute l'année depuis le port de commerce de Brest et le port du Conquet. Également, départs depuis le port de Camaret, en été. Réservation requise. Depuis l'aéroport international de Brest Bretagne, vol de 15 min.
En vedette vers les Sept-Îles : depuis la station LPO de l'Île-Grande (juil-août). Depuis Perros-Guirec : départs quotidiens d'avril à septembre et possibles pendant les vacances scolaires. Les horaires de départs varient en fonction des marées.

BRETAGNE

Les Sept-Îles, seul lieu de prédilection des macareux moines en France, sont nommées Ar Jentilez en breton, autrement dit « Les gentilles ».

L'ARCHIPEL DES SEPT-ÎLES

Grâce à la Ligue protectrice des oiseaux (LPO) ces petits territoires arides (**Rouzic, les Costans, Malban, Bono, l'île aux Moines, l'île Plate** et **les Cerfs**) forment une réserve naturelle de 40 ha, la plus importante du littoral français. L'île Rouzic abrite la seule colonie française de fous de Bassan (fév.-oct.). Vous serez témoin du niveau sonore que représentent quelque 18 000 couples sur pattes, réunis au même endroit…

Au printemps, toujours à Rouzic, mais aussi à Bono et à Malban, vous aurez le bonheur de rencontrer des macareux moines. Les Sept-Îles sont le seul endroit en France à accueillir des colonies de ces oiseaux marins, considérés comme vulnérables. Depuis l'île aux Moines, vous apercevrez aussi des fous de Bassan et des guillemots de Troïl. Par ailleurs, la réserve compte 40 phoques gris, la deuxième plus grande population après celle de l'archipel de Molène.

QUE VOIR, QUE FAIRE EN BRETAGNE ?

Réserve naturelle nationale d'Iroise

- Lieux de reproduction de nombreux oiseaux marins.

En voilier

- Excursion aux Sept-Îles à bord du *Saint-Guirec*, voilier traditionnel. Départ depuis Perros-Guirec.

Maison de la réserve naturelle

- Station de la Ligue protectrice des oiseaux de l'Île-Grande (Pleumeur-Bodou). Exposition sur l'écosystème de Sept-Îles et images des fous de Bassan, en direct de Rouzic.

Camargue

Pays battu par le mistral et le vent marin, « île » où se mêlent marécages et étangs, la Camargue est un écosystème complexe entre les bras du Rhône et la Méditerranée. Un tiers de ce territoire est sous la protection d'un parc naturel régional qui couvre 75 000 ha. En Camargue, les chevaux et les taureaux sont élevés en semi-liberté, alors que des milliers de volatiles sauvages déploient leurs ailes au gré des saisons. Des tortues s'y prélassent et les libellules pullulent. Les moustiques aussi...

QUAND PARTIR ?

	Oiseaux migrateurs
Avril	👁
Mai	👁
Juin	👁
Juillet	👁
Août	👁
Septembre	👁
Octobre	👁

LES CONSEILS GEO

• Les plus

Région très accessible.

• Les moins

La profusion de moustiques de mai à octobre. Surtout en été.

• Les précautions

Les animaux domestiques ne sont pas admis dans le parc.

LE PARC ORNITHOLOGIQUE DU PONT-DE-GAU

Ici, les oiseaux vous invitent dans leur intimité. Un monde naturel de 60 ha où des sentiers vous mènent le long de roselières, d'étendues verdoyantes, de « roubines » (terres marneuses) et de marais sur environ 7 km. Cette partie de la Camargue est peuplée d'oiseaux sédentaires et d'autres qui ne font que passer. Selon les espèces, de mai à octobre, le parc devient une aire de repos prénuptiale pour les volatiles lancés dans leur périple du nord de l'Europe vers le sud. La spatule blanche ou le milan noir s'agitent alors entre ciel et eau. Les espèces de hérons, passereaux, rapaces et petits échassiers restent nicher. Il est possible d'observer une grande quantité d'oiseaux toute l'année, dont les flamants roses, pour certains sédentaires. Des panneaux pédagogiques, très bien conçus, permettent de mieux appréhender l'avifaune. Le parc se visite à pied.

L'ÉTANG DE VACCARÈS

La « **Grand Mar** » est bien entourée. Elle se niche entre le Petit Rhône, le Grand Rhône et la mer Méditerranée. Cet étang de 12 km de long est l'habitat par excellence des flamants roses qui peuvent se compter en dizaine de milliers l'été.
Symbole de la Camargue, cet échassier se complaît dans les eaux saumâtres où abonde sa nourriture. Le delta constitue son

CARNET DE VOYAGE

• Les premiers contacts

Parc naturel régional de Camargue, www.parc-camargue.fr. Téléchargements de cartes du parc. Office du tourisme d'Arles : 9, bd des Lices, 04 90 18 41 20, www.arlestourisme.com ; office du tourisme d'Aigues-Mortes : place Saint-Louis, 04 66 53 73 00, ot-aiguesmortes.com ; office du tourisme des Saintes-Maries-de-la-Mer : 5 av. Van-Gogh, 04 90 97 82 55, www.saintemarielamer.com ; office du tourisme de Port-Saint-Louis-du-Rhône : quai Bonnardel, tour Saint-Louis, 04 42 86 01 21, www.portsaintlouis-tourisme.fr.

• Les fêtes **Mai-juin** : Festival de la Camargue et du delta du Rhône, Port-Saint-Louis-du-Rhône.

Les hérons nichent dans les roselières ou dans les arbres. Leur population croît grâce aux zones humides protégées comme la Camargue.

unique lieu de reproduction en Europe. Afin de profiter au mieux de la vue sur l'étang, parcourez-le dans le sens des aiguilles d'une montre. Autre lieu de prédilection des flamants roses, l'**étang du Fangassier** est remarquable.

LES MARAIS DU VIGUEIRAT

Cette réserve, à la croisée de la plaine de la **Crau** et du **delta du Rhône**, est très riche. Des milliers d'oiseaux nichent sur cette terre où les milieux naturels abritent marais, bois, roselières et étangs. Hérons, grandes aigrettes, et aigles Bonelli font partie des 290 espèces répertoriées, dont un grand nombre se posent ici durant la période d'hivernage. ●

QUE VOIR, QUE FAIRE EN CAMARGUE ?

Réserve naturelle des marais du Vigueirat

- Visites guidées, notamment sur le thème des libellules.

Musée de la Camargue

- Dans une ancienne bergerie, à 10 km d'Arles, sur la route des Saintes-Maries-de-la-Mer.

Réserve naturelle régionale du Scamandre

- Pour les hérons et les ibis falcinelles.

Balades équestres

- Sur les plages ou dans les plaines camarguaises. Très faciles à organiser.

Pages suivantes : en Camargue, tous les chevaux appartiennent à des éleveurs.

Pyrénées

La beauté naturelle de cette chaîne montagneuse impose l'humilité. Majestueuse, cette barrière, à l'orée de l'Espagne, s'étire sans discontinuité entre la Méditerranée et l'Atlantique sur quelque 440 km. Elle abrite en son sein le parc national des Pyrénées, un refuge pour 75 espèces de mammifères et de nombreux oiseaux qui affectionnent les falaises lors de leur nidification. La belle saison est l'occasion de se laisser surprendre par des créatures à l'état sauvage.

QUAND PARTIR ?

	Parc national des Pyrénées
Avril	👁
Mai	👁
Juin	👁
Juillet	👁
Août	👁
Septembre	👁
Octobre	👁

LE PARC NATIONAL DES PYRÉNÉES

En été, à quelque 2 500 m d'altitude, guettez les isards, cousins plus petits des chamois alpins. Emblématique du parc, cet ongulé très agile, doté de petites cornes recourbées vers l'arrière, est un virtuose de l'escalade. C'est parce qu'il était menacé d'extinction dans les années 1950, que le parc fut créé. Vous l'observerez assez facilement près du **lac d'Estaens**, en **vallée d'Aspe**, ou dans le **haut-Ossau**, dans le **Béarn**. Plus rare, le mouflon, originaire de Corse, a été introduit dans les Pyrénées il y a une cinquantaine d'années. Animal trapu, le mâle est affublé de cornes épaisses enroulées en spirale vers l'arrière. Impossible de le confondre avec l'isard. Vous pourrez rencontrer des groupes de mouflons, de taille plus ou moins importante, dans les massifs de **Pibeste**, du **Carlit** et de **Saint Barthélemy**.

S'il est un animal que les enfants adorent rencontrer, c'est bien la marmotte. Courte sur pattes et dotée d'une petite queue noire, elle aime les pentes ensoleillées. Craintive, elle pousse des cris sonores en cas de danger, pour avertir sa famille qui pourra ainsi se réfugier dans son terrier, niché au creux des pierres, et disparaît en un instant.

Si vous scrutez le ciel des vallées béarnaises, vos yeux ébahis rencontreront peut-être un aigle royal, à l'allure toute-puissante. Ce rapace menacé fait l'objet d'une protection particulière. C'est un privilège de pouvoir admirer ce fabuleux roi céleste qui nidifie dans des escarpements inaccessibles. Autre

LES CONSEILS GEO

• Les plus

Le grand dépaysement et la liberté de circuler.

• Les moins

La promiscuité et le coût des refuges en été.

• Les précautions

Prévoyez les hébergements à l'avance en été.

La marmotte, présente dans les vallées, hiberne d'octobre à mars.

emblème du parc, menacé d'extinction, le coq de bruyère ou grand tétras, est particulièrement méfiant et ne se laisse guère apercevoir facilement. Ce grand oiseau aux yeux ourlés de rouge est réputé pour ses parades nuptiales très sonores. Il vit bien caché dans les forêts de conifères. Il est aussi des espèces que vous ne pourrez sans doute pas rencontrer, mais imaginer qu'elles sont là quelque part sur votre chemin est, en soi, un moment de bonheur. Ce sera sans doute le cas du desman des Pyrénées (taupe aquatique), et, bien sûr, des ours, dont il existe 40 individus, majoritairement originaires de Slovénie. Accompagné d'un guide naturaliste, vous multiplierez vos chances de repérer des traces animales.

CARNET DE VOYAGE

• Les premiers contacts
Offices du tourisme : parc national des Pyrénées, Villa Fould, 2, rue du IV-Septembre, Tarbes, 05 62 54 16 40, www.pyrenees-parcnational.fr ; vallée d'Aspe, 05 59 34 88 30, www.tourisme-aspe.com ; vallée d'Ossau, place de l'Hôtel-de-Ville, Arudy, 05 59 05 77 11, www.arudy-tourisme.fr et www.valleedossau-tourisme.com ; Maison du parc national des Pyrénées, 05 59 05 41 59, www.pyrenees-parcnational.com ; parc animalier des Angles, Pla del Mir, 04.68.04.17.20, www.lesangles.com.

• Les fêtes **Mai** : Fête de la nature. **Juillet-août** : Festival de Gavarnie.

QUE VOIR, QUE FAIRE DANS LES PYRÉNÉES ?

Maison du parc national de Gavarnie
Une documentation riche sur les animaux. Projections de films sur la faune.

Réserve naturelle de la vallée d'Eyne
- Observation de la migration des oiseaux avec un ornithologue professionnel (août-sept.).

Parc animalier des Angles
- Les animaux y vivent en semi-liberté dans un espace naturel (ours, cerfs, daims, sangliers, mouflons, loups, marmottes...). Ce n'est ni un zoo ni une réserve.

Parc animalier des Pyrénées
- Des animaux comme le loup gris séjournent ici avant d'être relâchés dans la nature.

Pour séduire une femelle, le jardinier satiné accumule toutes sortes d'objets bleus similaires à son plumage.

OÙ LES VOIR ?

Europe

- Allemagne, Écosse, France Norvège, Portugal, Roumanie.

Amériques

- Argentine, Bolivie, Brésil, Canada, Colombie, Costa Rica, États-Unis, Galápagos, Mexique, Pérou.

Afrique

- Gabon, Madagascar, Ouganda.

Asie-Pacifique

- Australie, Cambodge, Inde, Indonésie, Malaisie, Népal.

Pôles

- Antarctique, Arctique.

Les oiseaux

Ils sont partout ! À la fois familiers et mystérieux, les oiseaux font partie intrinsèque de notre vie quotidienne. Enchanteurs dans les œuvres musicales de Mozart à Schumann, effrayants ou maléfiques au cinéma, ils restent une source d'inspiration à tous points de vue. Ils sont observés, admirés, mais aussi convoités pour leurs incroyables plumages et capacités sonores. La survie de nombreuses espèces, y compris celles qui sont protégées, est menacée dans le monde entier.

Les comportements

Dans le monde animal, les oiseaux sont les plus actifs. Ils s'affairent sans discontinuité pour assurer leur nourriture, leur sécurité ou leur reproduction. Il en existe plus de 9 000 espèces. Le continent américain abrite l'avifaune la plus riche. Viennent ensuite, par ordre décroissant, l'Asie, l'Afrique, l'Océanie et l'Europe. Les comportements et les capacités physiques des oiseaux varient de façon significative : l'albatros est à même de voler des heures sans battre des ailes ; le colibri peut aller à reculons, quant au martinet, il a l'aptitude de passer 200 jours sans jamais se poser ! L'anatomie empêche néanmoins certains d'entre eux de voler. Autruches, casoars, kiwis, manchots, nandous et cormorans des Galápagos en font partie. Autre distinction : seuls les oiseaux marins possèdent un plumage imperméable et des pattes palmées. En revanche, tous « chantent ». Une nécessité vitale pour éloigner leurs adversaires, conquérir une femelle ou protéger leur territoire. Ils ne possèdent pas de cordes vocales mais un syrinx, organe complexe qui leur permet de produire des sons.

Les amours

Les mâles débordent d'imagination pour attirer les femelles. Ils exhibent leur plumage, jusqu'à doubler de volume, mettent en valeur leurs couleurs chatoyantes, y compris celles du bec, exécutent des danses improbables et émettent des sons, du chant le plus mélodieux au cri le plus strident. Certains oiseaux offrent des présents – généralement de la nourriture – pour s'attirer les faveurs d'une femelle. D'autres mettent en avant leurs atouts physiques, tel le paon. Dans le ciel, le ballet des grèbes huppés ou les acrobaties des rapaces qui se tiennent par les griffes illustrent aussi la beauté et l'inventivité des parades nuptiales. Quelques espèces ont la particularité d'être fidèles dans leur couple. Les cygnes peuvent rester ensemble une vie entière, tout comme les pygargues à tête blanche, les macareux moines, les manchots, les albatros ou les urubus noirs.

Les migrations

La quête de nourriture est la raison essentielle qui pousse les oiseaux à migrer. Ils parcourent parfois de très longues distances, telles les oies sauvages qui sillonnent le ciel sur 3 000 km à l'aller comme au retour. Dans notre hémisphère, les migrateurs se dirigent vers le nord au printemps et vers le sud en automne. Certaines espèces, notamment les grues, volent en famille, afin que les plus jeunes puissent mémoriser la route. Mais comment trouvent-ils leur chemin ? La position du soleil, les constellations et le champ magnétique terrestre font office de GPS. D'année en année, beaucoup reviennent sur un même territoire. Avant le grand départ, les oiseaux ont besoin d'accumuler des réserves d'énergie sous forme de graisse, pour affronter le voyage qui comporte des étapes de repos. L'expédition est éprouvante pour la plupart d'entre eux. Certains migrent en raison du climat, d'autres sont sédentaires car leur capacité d'adaptation aux saisons est plus élevée.

Leur survie

Les oiseaux migrateurs sont un indicateur essentiel des changements environnementaux. Des facteurs tels que l'exploitation forestière ou minière, la dégradation des fonds marins et l'urbanisation constituent de réelles menaces pour la survie des espèces de plus en plus mises à mal. Il est des pays où les oiseaux exotiques sont exploités et maltraités, d'autres où ils sont chassés et exterminés. Toutefois, l'espoir persiste. En 2015, une haute cour de justice, en Inde, a statué que tous les oiseaux ont le droit fondamental de voler dans le ciel.

La frégate gonfle sa poche gulaire orange, qui devient rouge vif en période nuptiale.

Le monde

Açores

L'archipel des Açores semble perdu au milieu de l'océan Atlantique, entre l'Europe et l'Amérique du Nord. C'est un bout du Portugal à quelque 1 500 km de Lisbonne. Neuf îles (région autonome) s'étendent sur 600 km, attirant les oiseaux migrateurs qui viennent nidifier chaque année. Si la randonnée est un excellent but de voyage, des balades en bateau sont incontournables pour assister au ballet fabuleux des grands cétacés.

Page 58 : contrairement aux autres félins, le guépard possède des griffes non rétractables.

L'ÎLE DE FLORES

Terre la plus occidentale de l'Europe, cette île de l'archipel des **Açores** se prête à la contemplation. Étendues de fougères et d'hortensias, eaux turquoise et cascades marquent ses paysages verdoyants. À partir de la mi-mai, le *cagarro* (puffin cendré) se reproduit dans des terriers de fortune. Hors de la période de nidification, cet oiseau au bec jaune passe la plus grande partie de sa vie en mer. Il slalome au gré du vent et plane au ras des vagues en quête de poissons. Le *cagarro* est particulièrement connu pour son cri strident. Une sorte de vagissement très étrange et tétanisant. Impossible de le manquer.

L'ÎLE DE FAIAL

La richesse des eaux en poisson fait des Açores l'un des plus importants sanctuaires de cétacés au monde. La tradition baleinière a profondément marqué l'archipel. Depuis 1984, la chasse aux cétacés, en particulier le cachalot, est interdite. Aujourd'hui, l'observation en mer a pris le relais, composant une véritable industrie touristique, principalement de fin avril à fin septembre. **Faial** et ses voisines, **São Jorge** et **Pico**, sont particulièrement propices à des excursions en mer. Sur le bateau,

QUAND PARTIR ?

	Saison idéale	Pluies
Janvier		🌧
Février		🌧
Mars		🌧
Avril		🌧
Mai	🔭	
Juin	🔭	
Juillet	🔭	
Août	🔭	
Septembre	🔭	
Octobre	🔭	
Novembre		🌧
Décembre		🌧

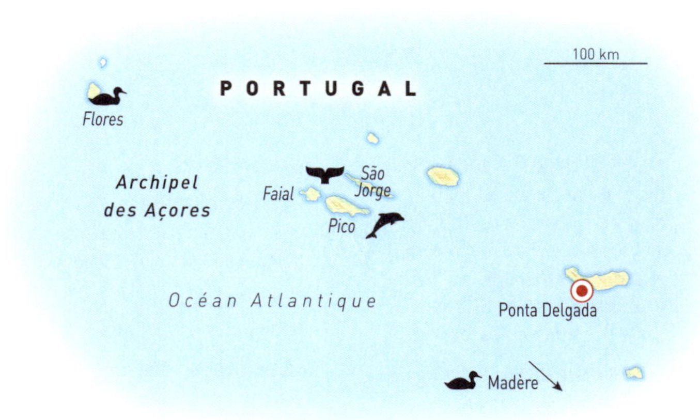

Pour observer les baleines, les sorties en mer sont très réglementées.

vous serez toujours en présence d'un biologiste marin, source précieuse d'information pour identifier les espèces visibles. Ces sorties, de 3 à 4 heures, sont très encadrées afin de ne pas perturber la vie des baleines et des dauphins. Ne manquez pas le musée, la Fàbrica da Baleia de Faial, très instructif. Sur ces îles, il existe aussi des vigies, petites cabanes blanches situées sur les points stratégiques d'observation. ●

CARNET DE VOYAGE

• **Les premiers contacts**
Office du tourisme : 3, rue de Noisiel, 75016, Paris, 01 56 88 31 90, www.visitportugal.com,

• **Les formalités**
Ressortissants de l'UE : carte d'identité ou passeport.

• **Les langues, la monnaie** Langue officielle : portugais.

Monnaie : euro.

• **La population**
10,34 millions d'habitants.
Capitale du Portugal : Lisbonne.

• **Les religions**
Catholiques en majorité.

• **Les fêtes** **10 juin** : fête nationale. **Août** : semaine des baleiniers à Lajes do Pico.

QUE VOIR, QUE FAIRE AUX AÇORES ?

Île de Terceira

- Au printemps et en automne, les baleines bleues naviguent entre Terceira et São Jorge.

Île de Pico

- Le musée des Baleiniers (Museu dos Baleeiros).

Archipel de Madère

- Observez les pétrels, l'un des oiseaux marins les plus menacés au monde.

LES CONSEILS GEO

● **Les plus**
Découvrir le Portugal insulaire.

● **Les moins**
L'offre touristique, abondante, peut prêter à confusion.

● **Les précautions**
Bien choisir les opérateurs pour les sorties en mer.

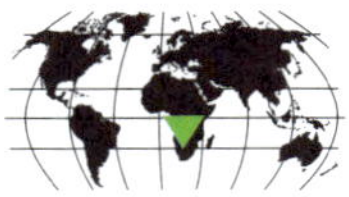

Afrique du Sud

Contrairement à ses voisins, l'Afrique du Sud abrite un grand nombre de réserves privées, la plupart à la frontière du parc Kruger. Ce pays, en constante mutation, offre toutes les bonnes conditions pour réaliser un safari en famille. De belles expériences sont accessibles à toutes les bourses.

LE PARC NATIONAL KRUGER

L'incontournable ! Couplé avec le **parc Gonarezhou** au **Zimbabwe** et le **parc Limpopo** au **Mozambique**, il est l'un des plus grands parcs transfrontaliers africains (2 millions d'hectares). Les accès sont multiples et les hébergements vont du plus luxueux aux simples cabanons. Ces derniers sont généralement équipés de manière à ce que vous puissiez préparer votre *braai*, le barbecue traditionnel en Afrique australe. Idéal pour le safari en toute autonomie.

LA RÉSERVE DE MADIKWE

Seuls les clients des lodges privés de la réserve y ont accès. Vous serez obligé de prendre un guide. À seulement 4 heures de route de Johannesburg, elle est l'habitat de nombreuses espèces réintroduites dans les années 1990, dont les Big Five. Les paysages sont exceptionnels. Séjours à coût élevé.

LA BAIE DE SODWANA

Dunes côtières, récifs coralliens et plages de sable blanc caractérisent le parc de la zone humide d'**iSimangaliso**, classée au patrimoine mondial de l'Unesco. En son milieu, la baie de Sodwana est réputée pour être l'un des meilleurs sites de plongée au monde. Elle est parfaite pour les plongeurs débutants.

QUAND PARTIR ?

	Kruger, Madikwe, Hluhluwe	Baie de Sodwana
Janvier	[jumelles]	[masque]
Février	[jumelles]	[masque]
Mars	[jumelles]	[masque]
Avril	[jumelles]	
Mai	[jumelles]	
Juin	[jumelles]	
Juillet	[jumelles]	
Août	[jumelles]	
Septembre	[jumelles]	
Octobre		[masque]
Novembre		[masque]
Décembre		[masque]

AFRIQUE DU SUD

LES CONSEILS GEO

- **Les plus**
La destination idéale en famille. Excellentes routes.

- **Les moins**
Grande concentration de véhicules dans le Kruger.

- **Les précautions**
Évitez le train entre Pretoria et Johannesburg.

CARNET DE VOYAGE

- **Les premiers contacts** Office du tourisme, 0 810 203 403, www.southafrica.net.
- **Les formalités** Ressortissants de l'UE : passeport valable encore un mois après le retour.
- **Les langues, la monnaie** Langues officielles : afrikaans, anglais et neuf autres langues (dont le zoulou et le xhosa).

Monnaie : rand. 1 € = 15,5 ZAR.

- **La population** 55,9 millions d'habitants. Noirs 79,2 %, Blancs 9,4 %, Métis 8,9 %, Indiens 2,5 %. **Capitale** : Pretoria.
- **Les religions** Chrétiens 80 % ; athées, agnostiques, 14 % ; musulmans 1,7 % ; hindouistes 1,1 %.
- **Les fêtes** **27 avril** : fête nationale.

Les points d'eau sont les meilleurs endroits pour voir les éléphants du parc Kruger.

LA RÉSERVE DE HLUHLUWE-UMFOLOZI

Située en terre zouloue, à moins de 300 km au nord de **Durban**, cette réserve (96 000 ha) compte une immense concentration de rhinocéros. Jalonnée d'acacias parasols, emblématiques de la savane africaine, elle abrite aussi toutes les créatures sauvages que vous pouvez rêver de voir. Un paradis pour les amoureux d'animaux. Pour Hluhluwe, prononcez « chluchluoui ».

QUE VOIR, QUE FAIRE EN AFRIQUE DU SUD ?

Parc national du Pilanesberg

- Très facile d'accès. Préférez le nord, moins fréquenté.

Hermanus

- Un site d'observation de baleines franches à une vingtaine de mètres du rivage (juin-nov.).

Sardine Run

- Des millions de sardines migrent, le long de la côte est, vers le Mozambique. Une chorégraphie unique au monde (mi-juin-mi-juil).

Pages suivantes : le lion mâle peut atteindre un poids de 300 kg .

Les Big Five

Immortalisée par Ernest Hemingway dans son roman *Les Neiges du Kilimandjaro* (1936), l'expression Big Five désignait alors les trophées prestigieux des chasseurs, correspondant aux espèces de mammifères africains les plus dangereuses de la savane : éléphants, rhinocéros, lions, léopards, buffles. Les girafes et les hippopotames étaient exclus, car leur traque représentait un risque moindre. Aujourd'hui, ces animaux spectaculaires sont la cible favorite des chasseurs d'images.

Hors des périodes d'accouplement, le léopard est un animal solitaire.

GROS PLAN SUR...

OÙ LES VOIR ?

- Afrique du Sud
- Botswana
- Kenya
- Namibie
- Ouganda
- Tanzanie
- Zimbabwe

Le buffle

Il affectionne les bains de boue, passe un tiers de sa journée à paître et se satisfait de quelque 30 l d'eau par jour. Cousin du bison, le buffle noir des savanes porte des cornes imposantes qui se recourbent vers le haut, au-dessus de ses oreilles tombantes, frangées de poils. On ne plaisante face à un buffle de 800 kg, capable de tuer un lion. Il vit en groupe, sauf lorsque le mâle est au crépuscule de sa vie. Contrairement à ses quatre camarades mammifères, il n'est pas considéré comme une espèce en danger.

Le lion

Seul le mâle possède une crinière. Ses pattes déploient une puissance phénoménale. Il est le protecteur du territoire alors que la femelle, plus rapide, chasse. Un groupe de lionnes qui cherchent leurs proies est très organisé. Le mâle, qui dort en moyenne 15 heures par jour, est le premier à dévorer la proie. Les femelles viennent ensuite, avant les lionceaux. Le lion est l'un des rares félins à vivre en groupe, dont la taille est liée à celle du territoire qu'il domine. Le roi de la jungle est hélas en voie de disparition.

L'éléphant

L'éléphant des savanes est plus exposé aux grandes chaleurs que l'éléphant des forêts, qui possède des oreilles plus petites, mais un doigt supplémentaire à chaque patte. Ces pachydermes, qui peuvent peser jusqu'à 7 t, ont besoin d'environ 200 kg de nourriture par jour. Les femelles vivent en groupe selon un schéma matriarcal. La plus ancienne domine le groupe que les mâles ne rejoignent qu'au moment de la reproduction. En présence de petits, mieux vaut éviter d'approcher de trop près un groupe. Espèce menacée, l'éléphant subit le manque de consensus entre les pays africains qui favorise le commerce de l'ivoire, dont l'Asie est le principal bénéficiaire. Quelque 12 000 individus sont tués chaque année. Le braconnage et la destruction progressive de leur habitat pourraient mener à leur extinction d'ici une vingtaine d'années.

Le léopard

Contrairement au guépard, le pelage du léopard est doté de taches qui forment des rosettes. Sa puissance musculaire est ravageuse. S'il est le plus rapide (60 km/h) des Big Five, il est néanmoins peu endurant. Il passe le plus clair de son temps au sol. Lorsqu'il capture sa proie, il s'abreuve d'abord de son sang pour retrouver son énergie. Bon grimpeur, il choisit ensuite une branche d'arbre pour refuge où il déposera son festin pour le déguster plus tard. C'est là qu'il est plus facile d'observer ce félin élégant.

Le rhinocéros

Quelle est la différence entre le rhinocéros blanc et le noir ? Ils sont tous les deux plus ou moins gris. Le blanc est plus gros et son dos est bosselé, moins territorial et plus tranquille que son cousin noir. Tous deux ont en commun une mauvaise vue mais un excellent odorat. L'animal figure en deuxième position, après l'éléphant, au palmarès des plus gros mammifères de la planète. Toutes les espèces de rhinocéros sont menacées. Une cinquantaine d'années ont suffi pour voir leur population diminuer de 80 %, leurs cornes valant aujourd'hui plus cher que l'or.

Les rhinocéros sont tués pour leurs cornes, dont les qualités thérapeutiques relèvent de la superstition plus que de la science.

Allemagne

Il est des régions que l'on ne soupçonne pas. La mer des Wadden est l'une d'entre elles. Une pépite prodigieuse, empreinte de poésie. Niché entre la mer du Nord et le continent, le parc national de la mer des Wadden s'étend sur une immense partie du littoral allemand. Des millions d'oiseaux migrateurs y trouvent refuge chaque année.

LE PARC NATIONAL DES WADDEN

La **mer des Wadden** (Wattenmeer) longe les côtes des Pays-Bas, de l'Allemagne et du Danemark. Côté allemand, les parcs nationaux de la **mer des Wadden du Schleswig-Holstein** au Nord, de **Hambourg** et de la **Basse-Saxe**, plus au sud, forment à eux trois l'immense parc national des Wadden (plus d'un million d'hectares). Partout, dunes, plages, marais salés, plaines d'herbes marines et vasières s'épousent pour former des paysages constellés de petits îlots appelés *halligen*. Cette partie du monde, l'une des biosphères les plus riches de notre planète, est d'une beauté renversante.

Dans ces zones humides côtières, le climat tempéré, les bancs de moules et les vasières se conjuguent parfaitement pour fournir une nourriture riche aux nombreux oiseaux qui se posent ou sont à demeure. Quelque 10 à 12 millions de volatiles passent par la mer des Wadden chaque année. La tranquillité des lieux, très protégés, et l'abondance des aliments sont une garantie de survie pour ces populations. Le ciel est alors un ballet où, au gré du vent, des cris singuliers accompagnent des battements d'ailes incessants. Ces espèces d'oiseaux venues se reposer et se reproduire offrent un spectacle à ne pas manquer.

Il existe plusieurs façons d'explorer ce monde à part. Accompagné d'un guide, chaussez des bottes en caoutchouc pour patauger dans les vasières à marée basse. Vous apercevrez peut-être

QUAND PARTIR ?

	Oiseaux migrateurs	Cétacés
Janvier	🔭	👁
Février	🔭	👁
Mars	🔭	👁
Avril	🔭	👁
Mai	🔭	👁
Juin	🔭	👁
Juillet	🔭	👁
Août	🔭	👁
Septembre	🔭	👁
Octobre	🔭	👁
Novembre	🔭	👁
Décembre	🔭	👁

LES CONSEILS GEO

- **Les plus**
Un paradis pour férus d'ornithologie.

- **Les moins**
Certaines zones sont très fréquentées en été.
Les bourrasques.

- **Les précautions**
Vêtements chauds et bonnes chaussures.

CARNET DE VOYAGE

- **Les premiers contacts**
Office national du tourisme allemand, 8, rue de Milan, 75009 Paris, 01 40 20 17 06, www.germany.travel.

- **Les formalités**
Ressortissants de l'UE : carte nationale d'identité ou passeport.

- **Les langues, la monnaie** L'anglais est couramment parlé.
Monnaie : euro.

- **La population**
82,67 millions d'habitants,
Capitale : Berlin

- **Les religions**
Catholiques (32,9 %) et protestants (32,5 %) sont majoritaires ; 4 % de musulmans.

- **Les fêtes** **3 octobre** : fête nationale.

ALLEMAGNE

Le parc national de la mer des Wadden est, depuis 1992, une réserve de biosphère de l'Unesco.

des phoques gris qui se prélassent par centaines sur des bancs de sable. Une partie de la côte ouest, zone de protection des cétacés, est aussi l'habitat de marsouins. Votre guide saura vous indiquer à quelle distance vous placer. Certaines parties du littoral ne sont pas accessibles au public. Tout est fait ici pour déranger le moins possible les animaux. Pensez à prendre vos jumelles ! Les excursions en bateau permettent d'avoir une perspective différente sur les merveilles du parc. Plusieurs compagnies de navigation proposent des départs à partir de ports tels que **Büsum**, **Schlüttsiel**, **Nordstrand** ou **Dagebüll**.

QUE VOIR, QUE FAIRE EN ALLEMAGNE ?

Îles de la Frise

À pied

- Randonnées dans les vasières, depuis Amrum vers l'île voisine de Föhr.

À vélo

- Contre le vent, parfois très fort, louez un vélo électrique pour visiter les îles.

En bateau

- Une croisière de moins d'une heure au départ de la jetée de Dagebüll en direction de l'île de Föhr.

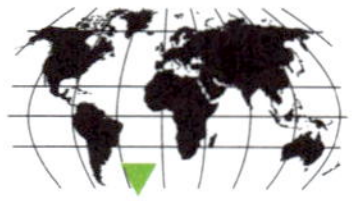

Antarctique

Grandiose et mystérieux, l'Antarctique a toujours nourri l'imaginaire. Si vous rêvez de voir la beauté du grand blanc, de vivre des jours sans fin et de découvrir la virtuosité d'une faune capable de survivre à des températures extrêmes, ces régions sont pour vous. Toutefois, un voyage vers ces terres lointaines se mérite. Il est fort onéreux et demande une préparation très longtemps à l'avance.

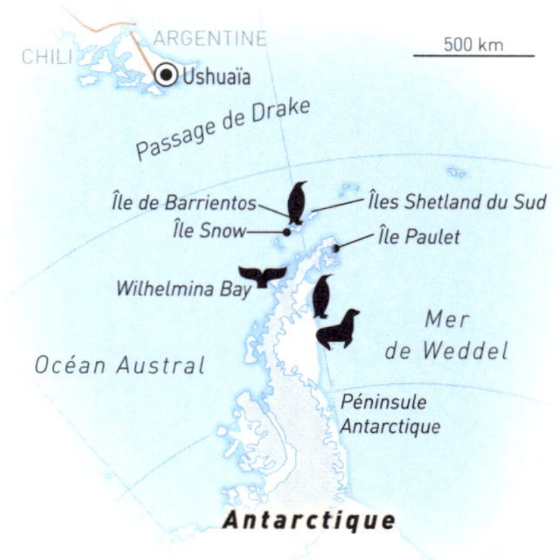

QUE VOIR, QUE FAIRE EN ANTARCTIQUE ?

Wilhelmina Bay

- Une petite chance d'apercevoir des baleines à bosse.

Île de Barrientos

- Située dans l'archipel d'Aitcho. Des colonies de plusieurs espèces de manchots.

Vous rencontrerez ici plus d'animaux que d'êtres humains. L'été austral (nov.-mars) est le meilleur moment pour faire une croisière en Antarctique. En février, le mois le plus chaud, les températures varient quand même de -15 °C à -30 °C ! Cependant, la vie animale est d'une grande richesse. Les mammifères viennent chaque année prendre leurs quartiers sur le littoral ou sur des masses de glace flottantes.
Au cours de votre navigation, vous pourrez observer éléphants de mer, phoques crabiers et otaries à fourrure, de multiples espèces de manchots, des baleines et nombre d'oiseaux

QUAND PARTIR ?

	En général	Baleines
Janvier	👁	👁
Février	👁	👁
Mars	👁	
Novembre	👁	
Décembre	👁	

CARNET DE VOYAGE

• Les premiers contacts
Office du tourisme : www.canalmonde.fr.

• Les formalités Les ressortissants de l'UE : passeport en cours de validité.

• Les langues, la monnaie Anglais et espagnol.

Monnaie : selon les États.

• La population
41 stations gérées par 20 États et 34 bases d'été (total : 19 États ; 4 877 personnes).

• Les religions Selon les États.

• Les fêtes Célébration du solstice d'hiver.

La saison des amours des manchots empereurs commence en hiver, à – 40 °C. Les petits naissent au printemps.

tels que les majestueux albatros et les pétrels géants, qui, lorsqu'ils se fâchent, crachent un liquide huileux plus odorant qu'un putois ! Vos vêtements seront alors irrécupérables...
Au départ d'**Ushuaia**, au sud de l'Argentine, des bateaux permettent de se rendre vers la péninsule antarctique, la région la plus accessible. Sur ses rivages, vous verrez des colonies de manchots empereurs. Mais avant cela, vous passerez par des lieux aux noms évocateurs : le **passage de Drake**, les **îles Shetland**, l'**île Snow** et l'**île Paulet**. Vous voguerez certainement sur la **mer de Weddell**, au milieu d'icebergs tabulaires.
Un périple de minimum 10 jours dans cette région, l'une des plus froides du monde, demande de la préparation et beaucoup de précautions. Le nombre de visiteurs est limité chaque année. Vous devrez peut-être attendre une année ou deux pour réaliser votre rêve.

LES CONSEILS GEO

• Les plus

Une faune et des paysages exceptionnels.
Les débarquements sont limités à 100 personnes à la fois, et pas plus de 3 heures.

• Les moins

Tous les voyages sont très onéreux.
Les départs peuvent être retardés en raison des caprices du climat.

• Les précautions

Veillez à ce que l'organisateur de votre voyage soit membre de l'Association internationale des tour-opérateurs antarctiques.
Il saura vous conseiller, notamment sur l'équipement à prévoir.

Arctique

Contrairement à l'Antarctique, l'Arctique est relativement facile d'accès. Le Canada, l'Europe du Nord et la Russie sont les points d'entrée. Si chaque région est bien différente, les paysages somptueux constitués de glaciers, d'icebergs et de toundra laissent abasourdi. La faune est farouche à l'approche de l'homme. La distance s'impose.

LE SPITZBERG (SVALBARD)

À mi-chemin entre la Norvège et le pôle Nord, cet archipel accueille une seule ville digne de ce nom : **Longyearbyen**. L'île principale, au nom éponyme, est l'endroit privilégié pour rencontrer des ours polaires mais aussi des rennes, des renards polaires ainsi qu'une multitude d'oiseaux, dont les mergules, les sternes et les macareux.
Des bateaux croisières font le tour du Spiztberg. Ils frôlent la banquise pour optimiser vos chances d'apercevoir des ours. Vous verrez sans aucun doute des morses affalés sur des masses de glace dérivantes. Au Nord-Est, où le paysage est au comble de son caractère polaire, vous frôlerez de gigantesques icebergs, toujours à l'affût des ours mais aussi des baleines. Si vous passez au-dessus du **cercle Arctique**, vous vivrez l'expérience étonnante du soleil de minuit.
Sur terre, entre pics, toundra et banquise, vous pourrez entreprendre de belles randonnées pédestres. Elles sont combinées à des sorties en kayak ou sur d'anciennes embarcations de pêcheurs, ce qui permet d'admirer les glaciers, refuge de nombreux phoques.

QUAND PARTIR ?

	Groenland	Spitzberg	Nunavut
Mai		👁	👁
Juin	👁	👁	👁
Juillet	👁	👁	👁
Août	👁	👁	👁
Septembre		👁	👁

CARNET DE VOYAGE

- **Les premiers contacts** Offices du tourisme : Spitzberg, www.visitnorway.com ; Groenland, www.greenland.com ; Nunavut www.canalmonde.fr.
- **Les formalités** Ressortissants de l'UE : passeport en cours de validité.
- **Les langues, la monnaie** Spitzberg : norvégien ; Groenland : kalaallisut et danois ; Nunavut : inuit, anglais et français.

Monnaies : Spitzberg : couronne norvégienne ; Groenland : couronne danoise ; Nunavut : dollar canadien.

- **La population** Spitzberg : 2,3 millions d'habitants ; Groenland : 56 000 ; Nunavut : 37 000.
- **Les religions** Spitzberg, Groenland, Nunavut : chrétiens en majorité.
- **Les fêtes** **21 juin** : jour le plus long.

LES CONSEILS GEO

- **Les plus**
Des paysages spectaculaires, une faune exceptionnelle.
- **Les moins**
Tous les voyages sont très onéreux.
- **Les précautions**
Soyez vigilant sur le choix du circuit. Une bonne forme physique.

L'ours blanc peut mesurer jusqu'à 3,50 m.

LE GROENLAND

L'hiver terminé, la fonte progressive de la banquise laisse la voie libre aux bateaux et aux animaux. Ce territoire est recouvert à 85 % par la calotte glaciaire. Depuis **Kangerlussuaq**, sur la côte sud-ouest, lors d'une randonnée, vous verrez des bœufs musqués et apercevrez peut-être des lièvres et des renards polaires. Dans le Nord-Est, vous rencontrerez des morses. En été, la **baie de Disko** est propice à l'observation des baleines et des phoques.

LE NUNAVUT

Traîneau à chiens, motoneige, bateau ou véhicule tout-terrain sont autant de moyens d'explorer cette contrée fabuleuse, peuplée par les Inuits. Le long des côtes, à l'ouest de la **baie d'Hudson**, vous aurez la chance d'observer des bélugas (baleines blanches). À la limite de la banquise, vous devriez voir des ours polaires (avril-juillet) grâce aux services d'un guide. Pour cela, rendez-vous à **Arviat** ou **Naujaat**. Plus difficilement, vous apercevrez des narvals, cétacés à l'étonnante corne. De mai à août, les amateurs de faune aviaire se réjouiront de l'abondance des oiseaux migrateurs revenus sur leur lieu de naissance pour nidifier.

QUE VOIR, QUE FAIRE EN ARCTIQUE ?

Groenland

Narsq

- Dans le Sud, une croisière en quête de baleines de Minke.

Inlandsis

- Survolez la calotte glaciaire en hélicoptère.

Argentine

Les manchots jabotent non loin des lions de mer qui grognent. Les éléphants de mer rugissent alors que les baleines chantent. Cette symphonie rythme la péninsule Valdés, refuge de l'une des plus grandes concentrations de faune marine au monde. Sur cette terre caressée par les vents de la Patagonie et rattachée au continent par une langue de sable, tous viennent par milliers se reproduire chaque année. Une immense pouponnière.

QUAND PARTIR ?

	Manchots	Mammifères marins
Mars	👁	👁
Avril	👁	👁
Mai	👁	👁
Juin	👁	👁
Juillet	👁	👁
Août	👁	👁
Septembre	👁	👁
Octobre		👁

LES CONSEILS GEO

Les plus

Une faune marine exceptionnelle.
Circulation en autonomie.

Les moins

Les cars de touristes à Puerto Pirámides.

Les précautions

Les routes glissantes.
Vérifiez la crédibilité des agences.
Prenez la carte des marées.

La péninsule Valdés

PUERTO PIRÁMIDES

Chaque année, les baleines franches quittent les eaux froides de l'Antarctique pour gagner celles plus tempérées des **golfes Nuevo** et **San José**. De mi-juin à octobre, elles s'adonnent à une véritable chorégraphie amoureuse. Elles propulsent leur masse de 50 t hors de l'eau, s'enlacent et se frôlent. Curieuses, elles se laissent approcher. Depuis **Puerto Pirámides**, vous pourrez emprunter l'embarcation de votre choix avec un guide baleinier pour profiter de ce spectacle naturel, unique au monde.

PUNTA DELGADA

Située au sud de la péninsule, **Punta Delgada** (à 76 km de Puerto Pirámides) est connue pour son phare au pied duquel se rassemble une colonie d'éléphants de mer (famille des phoques) et de lions de mer (famille des otaries). Vous serez interloqué par le cri des éléphants mâles qui s'affrontent pour impressionner les femelles du harem.

PONTA NORTE

À partir du mois d'octobre, une colonie de milliers d'éléphants et de lions de mer mettent bas sur cette parcelle à l'extrême nord de la péninsule. En raison de son éloignement, ce lieu est

CARNET DE VOYAGE

• Les premiers contacts
Office du tourisme, 6, rue Cimarosa, 75016 Paris, 01 44 05 27 38, www.sectur.gov.ar.

• Les formalités
Ressortissants de l'UE : passeport en cours de validité.

• Les langues, la monnaie Espagnol.
Monnaie : peso argentin.
1 € = 20,5 ARS.

• La population
43,8 millions d'habitants.
Capitale : Buenos Aires.

• Les religions
Catholiques 88 %, protestants 7 % ; juifs 2 % ; autres 3 %.

• Les fêtes 1re quinzaine de juin : semaine de la faune marine à Puerto Madryn.
9 juillet : fête de l'Indépendance.

ARGENTINE

La péninsule Valdés est une aire naturelle protégée de 3 700 km².

moins fréquenté qu'ailleurs. Il est réputé pour les orques qui, en mars-avril, rôdent en quête des petits lions de mer qui font leur baptême de l'eau. Une chasse sans appel.

CALETA VALDÉS

Cette baie protégée est un autre lieu de prédilection des éléphants de mer. En septembre et en octobre, la bande de gravier se mue en une nurserie étourdissante. Depuis le sentier qui longe l'immense plage, vous pourrez les observer en toute sérénité. De septembre à mars, vous verrez également une petite colonie de manchots de Magellan.

QUE VOIR, QUE FAIRE EN ARGENTINE ?

Punta Tombo

- Des centaines de milliers de manchots de Magellan se reproduisent dans une réserve écologique, à 175 km au sud de Puerto Madryn (sept.-janv.).

Puerto Madryn

- Point de départ pour l'observation des dauphins « panda » de Commerson.

Ecocentro

- Centre d'interprétation de la faune de Valdés.

Australie

Plus de 500 parcs nationaux sont disséminés sur cette île continent, où 90 % des espèces animales sont endémiques. Certaines sont fascinantes, comme l'ornithorynque, d'autres sont de préférence à éviter… L'immensité de l'Australie exige une préparation avant de partir. Hors des parcs, la faune reste omniprésente, jusqu'au ciel peuplé de magnifiques kukabaras rieurs.

LE PARC NATIONAL DE KAKADU

Bienvenu dans l'Outback ! Situé à 3 heures de **Darwin**, ce parc est classé au patrimoine mondial de l'Unesco, non seulement pour les quelque 5 000 peintures rupestres qu'il recèle, mais aussi pour la diversité des écosystèmes de cette zone protégée (2 millions d'ha). Le 4 x 4 est le meilleur moyen d'explorer ce parc où règnent les crocodiles. Ne manquez pas de faire une balade en bateau sur la **Yellow Water** (avr.-août).

KANGAROO ISLAND

À environ 1 heure de ferry depuis **Cape Jervis** (Australie méridionale), vous atteindrez la troisième plus grande île du pays, où il n'existe aucun transport en commun. Outre les kangourous, ce territoire est peuplé de koalas, d'opossums, de pingouins, d'échidnés, d'ornithorynques et d'un grand nombre d'espèces d'oiseaux. C'est un concentré de la faune australienne dans un environnement rare, notamment dans le **parc national de Flinders Chase**. À **Seal Bay**, lions de mer, otaries et pingouins se partagent la côte et les plages. Cet endroit a tout pour figurer en haut de votre liste (nov.-fév.).

LES CONSEILS GEO

- **Les plus**

Une faune endémique d'exception au cœur de paysages d'une variété époustouflante.

- **Les moins**

Les grandes distances contraignent aux déplacements en avion.

- **Les précautions**

Circuler hors des sentiers battus demande de prendre toutes ses précautions. Emportez toujours de l'eau et de la nourriture pour les périples dans l'Outback.

Ne vous baignez pas n'importe où : crocodiles et serpents d'eau ne sont jamais loin.

Vérifiez l'état des routes auprès des rangers avant de vous rendre dans les parcs.

Endémique à l'Australie, le koala se nourrit essentiellement d'eucalyptus et peut dormir 18 heures par jour.

QUE VOIR, QUE FAIRE EN AUSTRALIE ?

Observation des baleines

- Excursion en bateau depuis Broome pour observer les baleines à bosse en migration vers l'Antarctique.

Dolphin Discovery Center

- Nager avec les dauphins à Bunbury (à 2 heures de Perth).

Bush de Sydney

- Kangourous et koalas dans leur milieu naturel, à seulement 2 heures de la ville.

Port Macquarie

- Visiter l'hôpital des koalas.

Phillip Island

- Des milliers de petits manchots sortent de l'eau chaque soir pour rejoindre leur cache dans les dunes.

QUAND PARTIR ?

	Kakadu	Queensland	Tasmanie
Janvier		👁	
Février			👁
Mars		👁	👁
Avril	👁	👁	
Mai	👁	👁	
Juin	👁	👁	
Juillet		👁	
Août	👁		
Septembre		👁	
Octobre		👁	
Novembre		👁	
Décembre			👁

LE PARC NATIONAL DE L'ÎLE MARIA

Depuis **Tribunna**, sur la côte est de la **Tasmanie**, il vous suffira de 30 minutes pour mettre le pied sur la belle **île Maria** (déc.-mars). Le diable de Tasmanie, en voie de disparition, a été introduit sur cette petite terre qui abritait jadis un pénitencier. Les wombats cheminent partout sur l'île aux côtés de pademelons (petits marsupiaux), échidnés et céréopses cendrés, une oie typique du sud de l'Australie. Vous aurez l'impression d'être au bout du monde, sans voiture et sans électricité.

LE PARC NATIONAL D'EUNGELLA

La plus ancienne forêt humide du pays, à 80 km à l'ouest de **Mackay** sur la côte du **Queensland**, est l'endroit privilégié pour observer les ornithorynques. Seul mammifère à pondre, cette étrange créature est dotée d'un bec de canard, d'une queue de castor et de pattes palmées. Une sorte de puzzle vivant. Des plates-formes d'observation surplombent la **Broken River**. Prévoyez eau et nourriture si vous campez sur place.

CARNET DE VOYAGE

- **Les premiers contacts** Tourism Australia, www.tourism.australia.com, www.queensland.com (version en français), www.toptourist-parks.com.
- **Les formalités** Ressortissants de l'UE : passeport valable 6 mois après le retour, visa « électronique » e-Visitor, obtenu soit via Internet (www.border.gov.au), soit via la compagnie aérienne ou l'agence de voyages.
- **Les langues, la monnaie** Langue officielle : l'anglais qui voisine avec des dialectes aborigènes. **Monnaie :** dollar australien. 1 € = 1,50 AUD.
- **La population** 24,58 millions d'habitants. Modeste par rapport à la superficie. La grande majorité des Australiens sont originaires du Royaume-Uni (premières arrivées en 1788), mais aussi d'Europe centrale, d'Italie et de Grèce. On dénombre 670 000 Aborigènes. **Capitale :** Canberra.
- **Les religions** Les catholiques (25 %) et les adeptes de l'Église anglicane d'Australie (17 %) sont majoritaires. Les adeptes de l'Église unitarienne, les presbytériens, les orthodoxes et les baptistes sont autant de minorités religieuses.
- **Les fêtes** **26 janvier :** fête nationale.

La Grande Barrière compte 400 espèces de coraux, 1 500 de poissons et 4 000 de mollusques.

La Grande Barrière de corail

Le plus grand écosystème de récifs coralliens du monde s'étend sur plus de 2 000 km, le long de la côte du Queensland. La Grande Barrière est constituée de plus de 900 îles et îlots. Ce royaume aquatique se découvre de multiples façons.

• Le Nord

Cairns est un bon point de départ pour explorer la Grande Barrière. **Green Island** abrite un parc animalier dédié aux crocodiles, cependant sa voisine, la superbe **Fitzroy Island**, est bien moins fréquentée. **Michaelmas Cay** est réputé pour les milliers d'oiseaux migrateurs qui viennent y nicher chaque année. La plongée sous-marine est possible toute l'année mais attention aux méduses de novembre à mai.

• Le Centre

Climat tropical et faune sous-marine sublime sont de bonnes raisons de se rendre dans l'**archipel des Whitsundays**, qui compte 74 îles. À 8 km des côtes de **Townsville**, vous rejoindrez **Magnetic Island**. Au cours de balades sur les sentiers qui traversent le parc national, vous rencontrerez des koalas, des wallabies et de nombreux oiseaux marins.

• Le Sud

De mi-juillet à novembre, **Hervey Bay** est le théâtre de la migration des baleines à bosse qui se dirigent vers l'**Antarctique**. Au large de **Gladstone**, **Heron Island** offre le spectacle étonnant de l'éclosion des œufs de tortue, suivie du ballet des petits qui se dandinent jusqu'à la mer (janv.-avr.).

• En danger

La Grande Barrière de corail, dotée d'un écosystème extrêmement fragile, est aujourd'hui très menacée. Depuis deux ans, les épisodes de blanchissement des coraux, qui marquent leur dépérissement, se répètent. Outre l'industrialisation de la région, la hausse de la température et le degré d'acidité accru de l'eau – dus au réchauffement climatique – stressent les coraux. À cela s'ajoute la présence de l'acanthaster, une étoile de mer terriblement invasive.

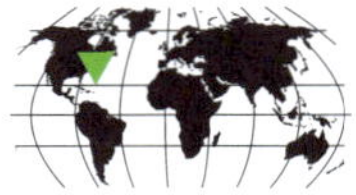

Bahamas

Précurseur en matière d'écologie, l'archipel des Bahamas est l'un des premiers pays au monde à avoir créé des parcs nationaux en 1958. Aujourd'hui, 27 parcs et réserves sont dédiés à la protection de l'environnement.

EN MER

Avec ses ensembles de coraux multicolores, ses trous bleus et ses tombants fabuleux, l'archipel des Bahamas possède l'un des plus remarquables écosystèmes sous-marins au monde. Un paradis pour les requins. Nourrices, tigres, pointes noires et grands requins marteaux évoluent dans ces eaux limpides. Pour une montée d'adrénaline garantie, rendez-vous sur l'**île de Grand Bahama**. **Shark Alley** et **Shark Rodeo** organisent des séances de *shark feeding*. Autres lieux de prédilection de ces créatures fascinantes : les récifs des **Abacos**, l'**île de New Providence** et les **Cays des Exumas**. Vous pourrez aussi faire des plongées requins au large de Nassau. Pour rencontrer les dauphins, choisissez le magnifique lagon de **Sanctuary Bay** (Grand Bahama). Les **îles Bimini** sont aussi propices à l'observation de ces cétacés. Mais attention, ce n'est jamais garanti ! Mérous, poissons perroquets, marlins bleus, murènes, espadons ou tortues caouannes ne sont qu'un échantillon de la faune qui peuple les récifs coralliens.

SUR TERRE

Sur l'**île d'Andros**, ne manquez pas, en mai et novembre, durant les trois nuits avant la pleine lune, l'incroyable danse des crabes de terre femelles, en pleine hâte pour déposer leur poche d'œufs

QUAND PARTIR ?

	Saison sèche	Pluies, ouragans
Janvier	👁	
Février	👁	
Mars	👁	
Avril	👁	
Mai		👁
Juin		👁
Juillet		👁
Août		👁
Septembre		👁
Octobre		👁
Novembre		👁

CARNET DE VOYAGE

- **Les premiers contacts** Office du tourisme, 113, rue du Cherche-Midi, 75006 Paris, 01 45 26 62 62, www.bahamas.fr.
- **Les formalités** Ressortissants de l'UE : un passeport valable 6 mois après la date de retour et un billet de retour sont obligatoires. Le document Esta est demandé pour un transit aux États-Unis.
- **Les langues, la monnaie** Langue officielle : anglais. Autres langues : créole jamaïcain et haïtien. **Monnaie** : dollar bahaméen (BSD) – à parité avec le dollar américain (0,84 €).
- **La population** 397 200 habitants. Noirs 85 % ; Blancs 12 % ; Asiatiques et Hispaniques 3 %. **Capitale** : Nassau.
- **Les religions** Baptistes 32 % ; anglicans 20 % ; catholiques 19 % ; méthodistes 6 % ; église de Dieu 6 % ; protestants 12 %.
- **Les fêtes** **10 juillet** : fête nationale.

LES CONSEILS GEO

- **Les plus**
Les Bahamas abritent les plus beaux sites de plongée au monde.
- **Les moins**
Le coût élevé de la vie.
- **Les précautions**
La protection contre le soleil est indispensable, notamment lors de plongées avec masque et tuba.

Depuis 2011, les eaux des Bahamas sont un sanctuaire pour les requins, ainsi protégés de la pêche.

dans la mer. Vous y apercevrez aussi des iguanes qui peuvent atteindre 1,80 m et vivre jusqu'à 40 ans. À **Big Major Cay** (Exumas), vous serez surpris par des cochons nageurs ! Dans le **parc national d'Inagua** quelque 75 000 flamants roses se reproduisent entre octobre et février. D'île en île, vous verrez hérons, phaétons blancs, pélicans et perroquets au plumage rouge et vert évoluer pendant 320 jours par an dans un ciel qui est d'un bleu profond et ensoleillé.

QUE VOIR, QUE FAIRE AUX BAHAMAS ?

Îles Abacos

- Les perroquets du parc national d'Abaco.

Andros

- La troisième plus grande barrière de corail au monde.

Exuma

- Les récifs coralliens de la réserve Exuma Cays Land and Sea Park.

Grand Bahama

- Le lézard à queue enroulée.

Great Inagua

- L'une des plus importantes réserves de flamants roses au monde.
- **L'élevage de tortues marines géantes dans l'Union Creek** Reserve.

Bolivie

Pics montagneux, plaine verdoyante et forêt amazonienne, ce trio naturel dessine les contours de ce grand pays où la population, essentiellement indigène, préserve ses traditions ancestrales. Un immense réseau de parcs nationaux protège son écosystème prodigieux, où évoluent quelque 1 420 espèces d'oiseaux, dont une quinzaine sont endémiques.

LE PARC NATIONAL DE SAJAMA

Situé dans la cordillère des Andes, près de la frontière chilienne, ce parc est dominé par le **volcan Nevado Sajama** (6 542 m), le plus haut du monde. Son accès est difficile du fait de son isolement. Mais il vaut le détour. La vigogne, le plus petit des camélidés, typique de l'Amérique du Sud, est préservée dans le parc. Sa chasse est interdite. Cet animal, élancé, dressé sur ses pattes fines et hautes, arbore un poitrail doté d'un pelage blanc. Son allure gracieuse est un enchantement. Vous croiserez la route de nombreux lamas et alpagas qui, eux, sont domestiqués. Les premiers, qui ne crachent pas, sont plus fins que les seconds, dont le museau semble écrasé. Il est possible de camper dans le parc, mais la température dépasse rarement les 10 °C en été.

LE PARC NATIONAL D'AMBORÓ

Si les amateurs d'oiseaux devaient choisir un endroit, c'est bien celui-ci. À trois heures de **Santa Cruz**, sur une étendue de plus de 500 000 ha, ce parc a pour singularité la confluence de trois écosystèmes : l'**Amazonie**, le **Chaco** (plaine) et les **Andes**. La faune sauvage y est exceptionnelle. Vous devrez être accompagné d'un guide qui vous mènera, entre autres, à travers la jungle. Singes, iguanes et reptiles sont omniprésents. En revanche, vous ne verrez sans doute que les traces de l'ours andin, du jaguar et du puma. Vous pourrez contempler les merveilleux

QUAND PARTIR ?

	En général	Saison la plus sèche
Janvier	👁	
Février	👁	
Mars	👁	
Avril	👁	
Juin		👁
Juillet		👁
Août		👁
Décembre	👁	

LES CONSEILS GEO

- **Les plus**

La population indienne et ses traditions.
Des écosystèmes uniques au monde.

- **Les moins**

L'altitude et le climat.
Les trajets d'un point à un autre sont longs, et les routes imprévisibles.

- **Les précautions**

Évitez de vous aventurer seul dans les zones isolées.

CARNET DE VOYAGE

- **Les premiers contacts** Office du tourisme, www.canalmonde.fr ; en espagnol, www.bolivia.travel.
- **Les formalités** Ressortissants de l'UE : passeport valable 6 mois après la date de retour (séjour de moins de 3 mois).
- **Les langues, la monnaie** Langues officielles : espagnol et 36 langues indiennes. **Monnaie** : boliviano. 1 € = 8,30 BOB.
- **La population** 11 millions d'habitants. **Capitale** : La Paz.
- **Les religions** Catholiques en majorité.
- **Les fêtes** **6 août** : fête nationale.

Contrairement aux lamas et aux alpagas, les vigognes vivent toujours à l'état sauvage.

aras, au pelage jaune et bleu, les conures de Weddell et le toucan à bec rouge. L'Amboró est protégé de la chasse et de la déforestation.

LA RÉSERVE NATIONALE DE FAUNE ANDINE EDUARDO AVAROA

Les flamants roses sont le symbole de cette réserve qui se trouve à l'extrême sud de la Bolivie, dans la **province de Sud Lípez**. Ils se comptent par milliers dans la **Laguna Colorada**, dont le mouvement des algues lui donne son extraordinaire couleur rouge. Assister à l'envol de ces oiseaux vous donnera l'impression de vivre un rêve. Novembre est le meilleur mois pour se rendre dans la réserve.

QUE VOIR, QUE FAIRE EN BOLIVIE ?

Parc national Madidi

- Il abrite 867 espèces d'oiseaux. Un lieu à explorer en famille.

Parc national Kempff-Noel Mercao

- Nord-est de la Bolivie. Cet espace sauvage quasi vierge attire des ornithologues du monde entier.

Réserve naturelle de Barba Azul

- Zone de protection de l'ara à gorge bleue, menacé par le trafic d'oiseaux.

Sajama

- Baignade dans les geysers à 8 km du village de Sajama.

Botswana

L'ancien Bechuanaland est qualifié de « miracle africain ». Dans ce pays, qui a opté pour un écotourisme de qualité, le coût d'un safari est élevé. Du désert du Kalahari, qui occupe 84 % du territoire, au delta de l'Okavango, cette terre abrite une faune sauvage prodigieuse.

QUAND PARTIR ?

	Saison sèche	Grandes chaleurs
Janvier		☀
Février		☀
Mars		☀
Mai	👁	
Juin	👁	
Juillet	👁	
Août	👁	
Septembre	👁	
Novembre		☀
Décembre		☀

LES CONSEILS GEO

• Les plus

Une véritable communion avec la nature sauvage. Les parcs sont protégés.

• Les moins

Le coût très élevé pour un tourisme haut de gamme. Les safaris sont parfois fermés aux enfants de moins de 12 ans.

• Les précautions

Si vous avez loué un 4 x 4, munissez-vous d'une carte qui localise les stations d'essence. Vigilance requise sur les pistes sablonneuses du delta de l'Okavango.

LE PARC NATIONAL DE CHOBE

Pendant la saison sèche, le **fleuve Chobe**, principale source d'eau, attire des familles d'éléphants, des hippopotames et des crocodiles tandis que girafes, zèbres et félins évoluent au milieu de la savane peuplée de mopanes et d'acacias. Un safari dans le Chobe est moins onéreux que dans les autres parcs du pays. Il est donc plus fréquenté. Mais le parc est magnifique et facile d'accès. Vous pourrez faire une balade exquise en bateau sur le fleuve.

LA RÉSERVE NATURELLE DE MOREMI

Sans doute la plus belle réserve d'Afrique australe, Moremi se situe à l'ouest du **delta de l'Okavango**. Elle abrite une incroyable densité d'animaux sauvages au cœur de plaines baignées par les eaux, de lagons et de savanes. Ayez toutefois en tête que le coût d'un safari y est très élevé, comme partout dans le delta, le « fleuve qui ne trouve jamais la mer ».

LA RÉSERVE NATURELLE DU KALAHARI CENTRAL

Sur cette terre mythique, berceau de traditions ancestrales, l'aventure n'est pas un vain mot. Sous les vents qui balayent la plaine en saison sèche, la crinière des jeunes lions se confond avec les herbes blondes. Alors que les springboks tentent

CARNET DE VOYAGE

• Les premiers contacts Office du tourisme, www.botswanatourism.co.bw.

• Les formalités Ressortissants de l'UE : passeport valable 6 m ois après la date de retour (séjour de moins de 3 mois).

• La Santé Risque de paludisme de novembre à juin dans la moitié nord du pays

• Les langues, la monnaie Langue officielle : anglais. Autre langue : tswana. **Monnaie** : Botswana pula. 1 € = 11,2 BWP.

• La population 2,26 millions d'habitants. Noirs 85 %; Blancs 12 % ; Asiatiques et Hispaniques 3 %. **Capitale** : Gaborone.

• Les religions Chrétiens en majorité.

• Les fêtes **30 septembre** : fête nationale.

Les oryx, dotés « d'épées » sur la tête, sont une espèce en voie d'extinction.

de braver l'assaut des guépards, des troupeaux d'oryx dessinent un tableau remarquable. Ne manquez pas de guetter les amusants suricates.

LE SANCTUAIRE KHAMA RHINO

À quelque 25 km du nord-ouest de **Serowe**, ce parc, créé il y a 25 ans pour protéger les rhinocéros en voie de disparition, est un bel exemple en matière de conservation. Vous aurez certainement la chance de voir des rhinocéros blancs, moins timides que les noirs.

QUE VOIR, QUE FAIRE AU BOTSWANA ?

Village de Shakawe

- Observez les oiseaux, les loutres et les crocodiles qui s'y reproduisent.

Réserve de Linyanti

- Une balade à pied dans une réserve réputée pour son grand nombre de prédateurs.

Pan de Makgadikgadi

- Balade, avec un guide, dans cette cuvette saline.

Delta de l'Okavango

- Un retour à la lenteur lors d'une balade en *mokoro* (pirogue traditionnelle). Si vous pouvez vous le permettre, un survol du delta en petit avion de tourisme.

Brésil

Les écosystèmes du Brésil sont uniques. Cet immense pays rassemble 28 % des forêts primaires de la planète. Les espèces animales se comptent par milliers. Les eaux de l'Amazone recèlent des poissons que les scientifiques et naturalistes n'ont pas encore identifiés. Le Pantanal, une zone humide, à l'ouest du Brésil, est sans doute la région la plus riche pour rencontrer les animaux. Et voir les plus grands nénuphars du monde.

LE PARC NATIONAL DU PANTANAL

Cette immense région où coexistent savanes, forêts et marais est inondée pendant six mois de l'année, de novembre à avril. Une période où, évidemment, il est impossible de circuler. Située entre l'état du **Mato Grosso** et celui du **Mato Grosso do Sul**, cette région est moins connue que la mythique **Amazonie**.

Elle constitue l'un des rares endroits du continent où le jaguar est encore très présent. Vénéré par les Indiens, ce félin trapu possède une force extraordinaire. Certaines agences proposent des expéditions d'observation de cette belle créature. Des pisteurs locaux vous feront vivre des moments intenses. Mais sachez qu'il ne se laisse pas apercevoir facilement.

Pour entrer dans le **Pantanal nord**, vous devrez d'abord vous rendre dans la ville de **Cuiabá**, avant de rejoindre **Poconé** (103 km). De là, vous pourrez louer votre propre véhicule. Afin de découvrir la grande plaine du Nord, vous emprunterez la **Transpantaneira**, une piste surélevée étroite, longue de 145 km et ponctuée de 127 ponts. Vous serez étonné de vous trouver

LES CONSEILS GEO

• Les plus

La richesse naturelle et culturelle.
Des écosystèmes uniques au monde.

• Les moins

Les grandes distances.

• Les précautions

Vérifiez les conditions sanitaires avant de partir.

Dans l'imbroglio des branches et des feuillages, les jaguars se laissent difficilement pister.

BRÉSIL

QUE VOIR, QUE FAIRE AU BRÉSIL ?

Illha Grande

- Un paradis vierge, peuplé de singes et d'oiseaux. Pas de voitures.

Delta das Americas

- Dans le Nordeste, un paysage de mangrove, dunes, forêts et plages de sable blanc. Singes, crocodiles, tortues et ibis rouges (guarás).

Fernando de Noronha

- Dans le Nordeste, un petit archipel protégé. Dauphins et tortues.

au beau milieu d'une zone marécageuse. Outre la présence des oiseaux, vous aurez l'impression d'être seul au monde. **Campo Grande** est la porte du Pantanal sud.

Si vous n'êtes pas motorisé, vous pourrez explorer le parc à partir des écolodges ou des *pousadas* (auberges), qui appartiennent généralement à des *fazendas* (fermes privées). Des périples en bateau, en 4 x 4 ou à cheval sont proposés sur quelques heures ou quelques jours. Grâce aux guides, vous pourrez observer une profusion d'oiseaux tels que des aras, des toucans, des jabirus, emblèmes du parc, ou des aigrettes. Vous ne manquerez pas non plus les capybaras, les plus gros rongeurs du monde. Une balade en bateau vous révélera les caïmans et, avec de la chance, des loutres géantes.

Si vous partez dans la jungle, où vous entendrez des singes hurleurs, il est recommandé de porter des vêtements longs (pantalons et chemises), des chaussettes épaisses et de bonnes chaussures. Pensez également aux répulsifs pour éloigner les moustiques (moins présents entre mai et octobre, la meilleure période). Le contact avec les insectes provoque toujours une certaine agitation. Or l'observation des animaux requiert une certaine immobilité et du silence.

Dans le Pantanal, vous serez vraiment en immersion totale dans une nature sauvage et magnifique. À chaque fois que vous le pourrez, faites appel aux services d'un guide. Vous augmenterez vos chances de voir les animaux et de comprendre les écosystèmes que vous traverserez.

QUAND PARTIR ?

	Pantanal	Plongée
Mars		🤿
Avril		🤿
Mai	👁	🤿
Juin	👁	🤿
Juillet	👁	🤿
Août	👁	🤿
Septembre	👁	🤿
Octobre	👁	

CARNET DE VOYAGE

- **Les premiers contacts** Office du tourisme, 34, cours Albert-1er, 75008 Paris, visitbrasil.com
- **Les formalités** Ressortissants de l'UE : passeport valable 6 mois après la date de retour.
- **La santé** Risque de paludisme dans les régions amazoniennes et présence de fièvre jaune dans certains États.
- **Les langues, la monnaie** Langue officielle : portugais. **Monnaie** : real. 1 € = 3,69 BRL.
- **La population** 207,6 millions d'habitants. **Capitale** : Brasília.
- **Les religions** Catholiques 68 % ; évangéliques 20 %.
- **Les fêtes** **7 septembre** : fête nationale.

Victimes de leur grande beauté et de la destruction de leur habitat, les aras rouges du Brésil figurent sur la liste des espèces menacées.

LA PLONGÉE À BONITO

Située à quelque 300 km de Campo Grande, la petite ville de **Bonito**, quelque peu perdue dans le Mato Grosso do Sul, demande un peu d'organisation. Le nombre de visiteurs est limité. Cet endroit est réputé pour ses rivières où l'eau est extrêmement cristalline. Les niveaux sont particulièrement hauts entre décembre et mars, la saison des pluies. Forcément accompagné d'un guide, en petit groupe, vous pourrez vous adonner à une activité bien particulière : la *flutuação*. Équipé d'une combinaison Néoprène, d'un masque et d'un tuba, vous vous laisserez porter par le courant tout en observant d'énormes poissons d'eau douce. Avant de parvenir à la source de départ, vous arpenterez la forêt peuplée de singes et de tapirs. L'expérience est simplement délicieuse. Votre guide vous conduira certainement au **Buraco das Araras** (trou des perroquets), une sorte de grotte de 200 m de profondeur où nichent ces oiseaux aux couleurs improbables.

Cambodge

Dans le Sud-Est asiatique, le Cambodge tient une place particulière en matière d'écosystèmes. Cette terre fabuleuse abrite des espèces devenues très rares. Rhinocéros de Java, éléphants d'Asie, gaurs, tigres, ours, léopards, singes et oiseaux peuplent encore ses forêts. Mais vos chances de rencontrer ces espèces, aujourd'hui protégées, dans leur habitat naturel sont infimes. La déforestation galopante les menace grandement.

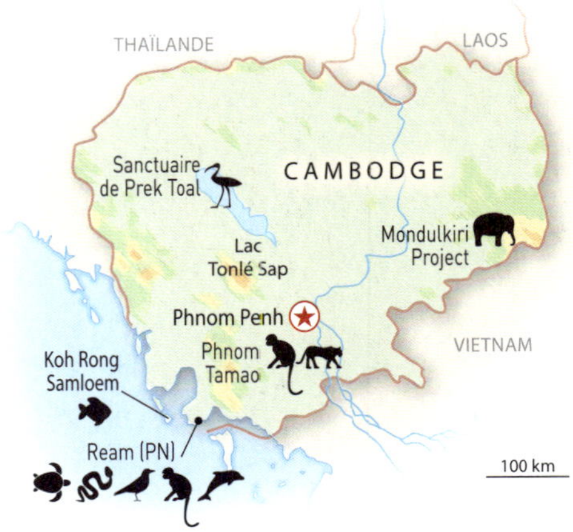

QUAND PARTIR ?

	Phnom Tamao	Preah Sihanouk
Janvier	👁	[jumelles]
Février	👁	[jumelles]
Novembre	👁	[jumelles]
Décembre	👁	[jumelles]

LES CONSEILS GEO

Les plus

Un patrimoine naturel exceptionnel.
L'hospitalité des Cambodgiens.
Des écosystèmes uniques au monde.

Les moins

Une faune en danger difficile à observer.
Déforestation.

Les précautions

Abstenez-vous de tout contact physique pour saluer quelqu'un.
Circuler dans son propre véhicule est déconseillé.

PHNOM TAMAO

Situé à environ une heure de **Phnom Penh**, ce centre de secours de la faune mérite que l'on y consacre une journée entière. S'étendant sur 2 300 ha, la forêt abrite de nombreuses espèces, tels que des gibbons à bonnet, éléphants, tigres, léopards ou ours malais, soustraits au trafic d'animaux sauvages. Ces rescapés font l'objet de soins avant, pour certains, d'être relâchés dans des aires protégées. D'autres pourront un jour retrouver leur habitat naturel. Des milliers d'individus sont ainsi sauvés chaque année. Sachez toutefois que l'entrée du parc, très fréquenté, est chère et que vous ne serez pas assuré d'apercevoir les animaux.

LE PARC NATIONAL DE PREAH SIHANOUK

Plus communément nommé « Ream » du nom de la commune qui l'abrite, ce parc, situé à 25 km de **Sihanoukville**, occupe quelque 21 000 ha couverts de forêts, de jungles et de plages. Depuis la station de **Prek Toek Sap Ranger**, il est possible d'emprunter une embarcation traditionnelle pour longer la mangrove. Celle-ci abrite toute une faune, dont des tortues, lézards et oiseaux migrateurs. La rivière finit sa course dans la mer. Un centre d'observation des dauphins se trouve sur la plage. Vous pourrez aussi opter pour une balade dans la jungle peuplée de nombreux singes.

CAMBODGE

Le Mondulkiri Project abrite de nombreux éléphants qui ont subi de mauvais traitements.

CARNET DE VOYAGE

• Les premiers contacts Office du tourisme, 4, rue Adolphe-Yvon, 75016 Paris, 01 45 03 47 20, www.ambcambodgeparis.info.

• Les formalités Ressortissants de l'UE : visa d'entrée obligatoire soit auprès de l'ambassade du Cambodge sous 48 heures soit à l'arrivée aux aéroports de Phnom Penh et de Siem Reap.

• Les langues, la monnaie Langue officielle : khmer. L'anglais et le français sont souvent parlés. **Monnaie** : riel. 1 € = 4 800 KHR. Le dollar est très largement utilisé, le riel ne servant que pour les petites sommes.

• La population 15,7 millions d'habitants. **Capitale** : Phnom Penh.

• Les religions Bouddhistes 90 % ; musulmans, environ 5 %.

• Les fêtes **9 novembre** : fête nationale.

QUE VOIR, QUE FAIRE AU CAMBODGE ?

Mondulkiri Project

- Au nord-est de Phnom Penh, près de Sen Monorom – une ONG dédiée à la réhabilitation des éléphants maltraités.

Koh Rong Samloem

- Dans la baie de Sihanoukville, plongée et snorkeling sur l'île.

Sanctuaire de Prek Toal

- Dans la biosphère du lac Tonlé Sap, uniquement accessible par bateau. Des milliers d'oiseaux migrateurs (cigognes, marabouts, ibis, pélicans...) venus de Chine, de Mongolie et de Sibérie. Accès limité. Coût élevé.

Fauna in Focus

- ONG, basée à Siem Reap, dédiée à l'éducation environnementale. Le premier documentaire sur la nature cambodgienne *A Cambodian Nature Film*, réalisé par Daniel Roper-Jones, est consultable gratuitement en ligne (www.faunainfocus.org). À voir absolument.

Canada

Croiser des caribous dans les plaines du Yukon, se laisser surprendre par un wapiti en lisière d'une forêt de l'Ouest canadien, pister des castors au Québec, apercevoir un ours noir sur l'île de Vancouver ou admirer le saut d'un petit rorqual dans le fleuve Saint-Laurent... Au Canada, où les étendues sauvages sont à couper le souffle, la rencontre avec le monde animal est une expérience passionnante et pleine d'enseignements. Les ratons laveurs avec leur frimousse de cambrioleur et les écureuils « volants » n'ont pas fini de vous étonner.

LA RÉSERVE FAUNIQUE DE MATANE

Bossu et myope, l'orignal est doté d'un odorat et d'une ouïe hors du commun, et peut peser jusqu'à 800 kg. Affublé de sortes de palettes à pointes, de larges bois qu'il perd à l'automne, et d'un museau arqué, il est un animal étonnant. La réserve faunique de Matane, en **Gaspésie**, abrite une grande population de ce cervidé emblématique du Canada, à ne pas confondre avec son cousin, le caribou appelé le « renne sauvage ». L'été est la meilleure période pour observer ce géant des forêts lorsqu'il paresse dans les points d'eau pour combattre l'assaut des moustiques, particulièrement agressifs. Vous aurez aussi la chance d'admirer des wapitis.

N'hésitez pas à recourir aux services d'un guide naturaliste pour sillonner les paysages grandioses de cette région. Les orignaux sont également visibles sur la côte est de **Terre-Neuve**. Ils vivent un peu partout dans le **parc national du Gros-Morne**, listé au patrimoine mondial de l'Unesco. Posté près des rivières, vous les apercevrez surtout en début ou en fin de journée.

Si vous disposez de votre propre véhicule, toute la prudence s'impose. Des accidents se produisent régulièrement lorsque les orignaux s'aventurent sur la route.

LE FLEUVE SAINT-LAURENT

Entre mai et octobre, 13 espèces de baleines affectionnent les eaux du Saint-Laurent. Elles remontent le fleuve jusqu'à l'embouchure du **fjord du Saguenay**, particulièrement riche en plancton. Le petit rorqual, qui peut quand même peser sept tonnes, est l'une des espèces les plus étonnantes à voir. Il lui arrive de projeter son corps entier hors de l'eau.

Le wapiti est l'un des plus grands cervidés du monde.

CANADA

Le **parc marin du Saguenay-Saint-Laurent** est considéré comme l'un des meilleurs endroits au monde pour observer les cétacés. Toutefois, des sorties sont également organisées le long des rives du Saint-Laurent. Les guides sont une formidable source d'informations pour les amoureux de baleines. La réglementation est extrêmement stricte : les bateaux doivent se maintenir à une distance de plus de 200 m des cétacés. Le béluga, la seule espèce à vivre de façon permanente dans le fleuve, et le rorqual bleu, sont en voie de disparition. Tous deux font l'objet d'une protection encore plus vigilante. Pour eux, la distance exigée se situe à 400 m. Si les baleines sont particulièrement actives pendant l'été, leur observation n'est jamais garantie. Toutefois, l'expérience mérite vraiment d'être tentée.

LA RÉSERVE ÉCOLOGIQUE DE WITLESS BAY

Cette zone protégée de **Terre-Neuve-et-Labrador**, à environ 30 km de **Saint John's**, accueille la plus grande colonie de macareux moines de l'Amérique du Nord. Ce petit oiseau, tout en rondeurs, au ventre blanc et dont le bec prend ses couleurs jaune et orange à l'heure des amours, niche toujours au même endroit (mai-fin sept.). Les couples s'unissent pour toute leur vie, et il a la particularité de pouvoir plonger jusqu'à 60 m de profondeur. Une multitude d'autres oiseaux marins peuplent la réserve aux eaux très poissonneuses. Il n'est pas possible de débarquer sur les îles.

QUE VOIR, QUE FAIRE AU CANADA ?

Île Bonaventure

- Une immense colonie de fous de Bassan.

Parc provincial Dinosaur

- Dans le sud-est de l'Alberta, à 2 h 30 de Calgary. Des fossiles de dinosaures le long de sentiers balisés. Patrimoine mondial de l'Unesco.

Cabot Trail

- Dans le parc national des Hautes-Terres-du-Cap-Breton, observation de pygargues à tête blanche, orignaux et ours.

Tadoussac

- Centre d'interprétation des mammifères marins près de l'embouchure de la rivière Saguenay et du fleuve Saint-Laurent.

Réserve nationale de faune du Cap-Tourmente

- Une réserve naturelle d'oiseaux. Un spectacle unique de 800 000 grandes oies des neiges en migration (avr. et oct.).

QUAND PARTIR ?

	Est/Ouest	Cétacés
Mai		🐋
Juin	👁	🐋
Juillet	👁	🐋
Août	👁	🐋
Septembre	👁	🐋
Octobre	👁	🐋

CARNET DE VOYAGE

- **Les premiers contacts** Office du tourisme, https://fr-keepexploring.canada.travel, www.authentikcanada.com.
- **Les formalités** Tous les voyageurs doivent être munis d'une autorisation de voyage électronique (eTA), https://cic-gov-eta.online.
- **Les langues, la monnaie** Langues officielles : anglais et français. **Monnaie** : dollar canadien. 1 € = 1,49 CAD.
- **La population** 36 millions d'habitants. **Capitale fédérale** : Ottawa.
- **Les religions** Catholiques 39 %, protestants 16 %, orthodoxes 1,7 %, musulmans 3,2 %.
- **Les fêtes** **1er juillet** : fête nationale.

Chaque année, en automne, le frai des saumons est un grand moment de pêche pour les grizzlis et les ours noirs.

L'ÎLE DE VANCOUVER

L'ours noir peuple de nombreuses contrées canadiennes. Cet animal craintif ne se laisse pas observer facilement. Lourdaud, il peut néanmoins courir à plus de 50 km/h. Depuis **Tofino**, accompagné d'un guide naturaliste lors d'une sortie en Zodiac, vous aurez peut-être la chance de le voir pêcher sur le rivage. La région est aussi l'habitat de phoques, de marsouins et de multiples oiseaux. La meilleure période d'observation s'échelonne de mai à octobre.

Depuis **Telegraph Cove**, des croisières de plusieurs heures, en petit groupe, sont proposées (enfants âgés de moins de 10 ans non acceptés). Sur l'île, il est aussi possible de rencontrer des grizzlis, notamment à l'occasion d'une excursion en bateau dans les baies de **Knight Inlet** et de **Bute Inlet**. Le grizzli est plus massif, et son museau plus pointu que celui de l'ours noir. Si vous vous aventurez de façon autonome dans les parties isolées de cette région, vous devrez être extrêmement prudent. On ne plaisante pas en présence de cet animal solitaire qui peut peser jusqu'à 300 kg. S'il se nourrit de végétaux, il reste toutefois un carnivore. Évitez de porter du parfum...

LES CONSEILS GEO

- **Les plus**

Une faune extrêmement riche.
Observation facile.
Des paysages grandioses.

- **Les moins**

La rigueur du climat hivernal.
Les grandes distances.

- **Les précautions**

Protégez-vous contre les moustiques, surtout en juin.
Les animaux sur la route et l'approche des ours.

Le requin-baleine est le plus grand de son espèce. Il ne présente pas de danger pour l'homme.

OÙ LES VOIR ?

- Antarctique
- Arctique
- Argentine
- Bahamas
- Canada
- Écosse
- Mexique
- Portugal

Les grands marins

Pendant des décennies, l'homme, avide de découvertes, a exploré les fonds marins. Aujourd'hui, son empreinte écologique représente la plus grande menace pour les océans et les mers de la planète. La liste des espèces considérées menacées, en danger ou en voie d'extinction, ne cesse de s'allonger. En parallèle, des initiatives se multiplient pour protéger le monde du silence, devenu si fragile.

Les baleines

Le plus grand animal du monde peut atteindre 130t et mesurer 30mde long. La baleine bleue, reine des océans, est une créature fascinante. Des eaux polaires à l'équateur, elle parcourt chaque année quelque 1 500km lors de sa migration. Pour la plupart dotées de fanons, au lieu de dents, à la mâchoire inférieure, les espèces de baleines se distinguent par leur environnement marin, leur type de migration et, bien sûr, leurs taille et morphologie.
La baleine blanche (également appelée beluga) fréquente l'océan Arctique alors que la baleine boréale évolue dans les eaux arctiques.

La baleine à bosse, sans doute la plus observée grâce à ses sauts spectaculaires et à son chant singulier, parcourt tous les océans. La Biscaye ou baleine franche de l'Atlantique nord, en voie de disparition, est celle qui a le plus souffert de la chasse. La baleine de Minke, aussi nommée « petit rorqual », vit sous toutes les latitudes. La grise, avec ses six bosses, préfère le Pacifique. Pour sa part, l'orque, ou baleine tueuse, doit sa réputation à son comportement de prédateur. Enfin, le cachalot, la plus grande des baleines à dents, est le seul à plonger à des profondeurs extrêmes (10 000 m).

Les requins

Malgré leur mauvaise réputation, les requins sont des créatures craintives. Quelque 500 espèces, réparties en plusieurs familles, parcourent les mers et océans de la planète. Certaines, comme le requin-bouledogue, vivent en eau douce. Le pèlerin est le plus grand de tous alors que le requin-baleine est le plus large. Les plus connus sont blanc, bleu, gris, citron, marteau, taureau, tigre, océanique ou dormeur. En revanche, les léopards, à collerette, lutin ou crocodile, sont plus discrets. Environ 80 % des requins mesurent moins de 2 m. Le plus petit, le sagre elfe, ne dépasse pas les 20 cm. La mâchoire des requins est dotée de plusieurs rangées de dents, dont la forme diffère selon leur nourriture. Cet animal est bien moins dangereux que l'homme. On dénombre une centaine d'attaques par an, alors que, victimes de la surpêche et de la pollution, ils disparaissent chaque année par dizaine de millions. Nombre d'espèces sont en voie de disparition.

Les dauphins

Il serait l'un des animaux les plus intelligents de la planète. Avec sa peau lisse, nuancée de gris, et ses petites dents pointues, le dauphin, très sociable, attire immanquablement de la sympathie. Pourtant, il peut se révéler être un impitoyable prédateur. On dénombre plus de 30 espèces de ce mammifère, de tailles et de formes diverses. Certains ne possèdent pas d'aileron dorsal ; d'autres, de couleur rose, vivent en eau douce. À bec blanc, aptère austral, commun, grand ou bleu, le dauphin vit dans tous les océans. Sa grande particularité repose sur son système de communication fondé sur une série de signaux acoustiques, que les scientifiques ne se lassent pas d'étudier. Prisonniers des filets de pêche ou victimes de la pollution des eaux, les dauphins ne sont pas à l'abri de l'impact humain sur les océans.

Le dauphin n'est pas un poisson mais un mammifère.

Chine

La Chine est en marche vers une plus grande protection de sa faune sauvage. Si elle avait déjà créé de nombreuses réserves naturelles au début des années 1990 pour préserver des espèces en danger, elle est plus que jamais aujourd'hui en passe de sauver les pandas géants, endémiques à ce pays. Les tigres, léopards et panthères restent en très petit nombre. Les primates tels que le gibbon et le macaque survivent dans le Sud tropical.

LE PANDA GÉANT

La disparition du bambou équivaut à la disparition du panda. Ce constat fut à son paroxysme dans les années 1980. Quelques années plus tard, la Chine a créé des programmes d'élevage en captivité de ces ursidés. Aujourd'hui, la population des pandas géants, qui vivent dans leur habitat naturel, est estimée à 1 870 individus. Il en existe un peu plus en captivité. Cette augmentation vaut à cette espèce d'être passée du statut d'espèce en danger à celui d'espèce vulnérable. L'animal constitue d'ailleurs le célèbre logo de la fondation WWF (World Wildlife Fund) : il est devenu l'emblème mondial des espèces menacées et de la protection de la nature.

Les pandas géants vivent essentiellement dans six massifs montagneux situés dans les provinces du **Shaanxi**, du **Gansu** et du **Sichuan**. Il existe différents endroits pour observer des pandas en Chine. Mais ne nous méprenons pas… Les rencontrer dans les forêts montagneuses est quasi impossible. Le meilleur compromis, si l'on exclut les zoos, est la réserve de **Bifengxia**.

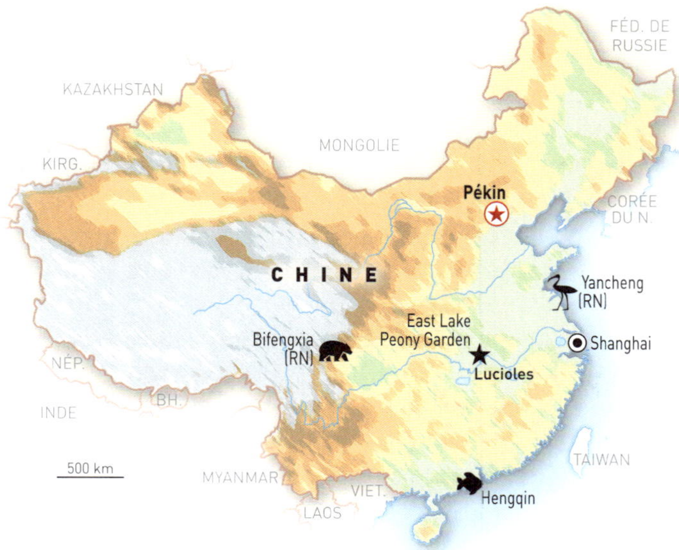

Contrairement aux pandas rouges, les pandas géants sont carnivores.
Les deux espèces possèdent un sixième doigt.

Elle a été créée dans une région magnifique, suite au tremblement de terre de 2008 qui a détruit la réserve de pandas du **parc national Wolong**. Bifengxia se situe à environ 150 km de **Chengdu**. Il est possible de prendre un bus depuis **Ya'an**, à 18 km de la réserve. Le plus grand habitat (400 ha) au monde de cet animal si particulier est en fait un centre de recherche et de conservation du panda géant.
Outre la nurserie pour les pandas de moins d'un an, un autre espace est dédié à la réinsertion des adultes dans la nature. Pour les observer, vous devrez faire preuve de patience car ces animaux passent le plus clair de leur temps à dormir dans les arbres. Malgré leur corpulence, ils font preuve d'une grande souplesse et leurs acrobaties peuvent être étonnantes.
La Chine envisage la création d'une réserve naturelle de quelque 3 millions d'hectares à cheval sur trois provinces. Un bel espoir pour la survie du panda géant, trésor national de la Chine.

QUE VOIR, QUE FAIRE EN CHINE ?

Île de Hengqin

- Chimelong Ocean Kingdom, le plus grand aquarium du monde. Un millier d'espèces de poissons, dont des requins-baleines.

Réserve de Panda de Chengdu

- Le musée exclusivement dédié aux pandas.

Réserve naturelle de Yancheng

- L'immense population de grues à couronne rouge, symboles de bonheur, de fidélité et de longévité. Les couples sont ensemble pour leur vie entière.

Les pandas roux mesurent environ 60 cm et pèsent en moyenne 4 kg.

Autre trésor national, le petit panda partage une partie des territoires des géants. Outre le centre de la Chine, il vit dans la partie méridionale du pays et dans l'**Himalaya**.
Il est doté d'un pelage roux, sauf aux extrémités des oreilles, aux joues et aux sourcils de couleur blanche. Sa queue est très longue, touffue et rayée d'un pelage plus clair. Sa belle

QUAND PARTIR ?

	Pandas	Lucioles
Avril	👁	
Juin		
Juillet		👁
Août		👁
Septembre		👁
Octobre	👁	👁

CARNET DE VOYAGE

- **Les premiers contacts** Office du tourisme, 15 Rue de Berri, 75008 Paris, 01 56 59 10 10, www.otchine.com.
- **Les formalités** Tous les voyageurs doivent être munis d'un visa et d'un passeport valable 6 mois après la date de retour.
- **Les langues, la monnaie** Langue officielle : chinois. Autres langues : cantonais et nombreux dialectes locaux.

Monnaie : yuan.
1 € = 7,7 CNY.

- **La population** 1,379 milliard d'habitants.

Capitale : Beijing (Pékin).

- **Les religions** Bouddhisme, taoïsme, catholicisme, protestantisme, islam.
- **Les fêtes** **1er octobre** : fête nationale ; Nouvel An chinois : premier jour du premier mois du calendrier lunaire.

CHINE

fourrure a fait l'objet de toutes les convoitises, et son habitat s'étroitise à vive allure. Aujourd'hui protégé, cet animal figure sur la liste des espèces en danger d'extinction. L'apercevoir relève du miracle.

L'EAST LAKE PEONY GARDEN

Cet endroit magique est unique au monde. Imaginez une dizaine de milliers de lucioles qui, à la nuit tombée, illuminent des chemins boisés. Un spectacle naturel merveilleux. Créé de toutes pièces en 2015, dans la ville de **Wuhan** (**province du Hubei**), ce parc à thème est dédié à la préservation de ces insectes, fortement menacés par la pollution et la destruction de leur habitat, dues à l'industrialisation. Les lucioles sont issues de la **province de Jiangxi** d'où elles ont été transportées en bocaux. Il est possible de déambuler à travers plusieurs zones : aires de vol, d'observation, de contact et d'élevage. Ce parc, ouvert de fin mai à début octobre, a aussi une vocation scientifique, aussi bénéficierez-vous d'explications sur le sujet. Mais au-delà de la seule compréhension du comportement des lucioles, vous vivrez un moment vraiment féerique. ●

LES CONSEILS GEO

● Les plus

Des paysages grandioses.
Le seul habitat naturel au monde des pandas géants.

● Les moins

La pollution omniprésente.

● Les précautions

Vérifiez si l'eau est potable.
Évitez les lieux où les pandas sont exhibés.

Les lucioles émettent une lumière appelée « bioluminescence ».

Colombie

Une côte sur l'Atlantique, une autre sur le Pacifique, une rive sur le plus grand fleuve du monde, l'Amazone, des plaines à l'infini et des sommets à 6 000 m d'altitude : peu de pays peuvent s'enorgueillir de posséder une telle diversité de paysages et de climats. La Colombie est la terre du grand condor et du petit colibri.

QUAND PARTIR ?

	Amazonie	Santa Marta
Janvier		x
Février		x
Mars		x
Avril	x	x
Juin	x	
Juillet	x	
Août	x	
Septembre	x	
Octobre	x	
Novembre	x	
Décembre	x	x

LES CONSEILS GEO

• Les plus
Les cultures indiennes.
Une biodiversité remarquable.

• Les moins
L'altitude peut être difficile à supporter.

• Les précautions
Il est déconseillé de louer un véhicule. Mieux vaut recourir aux transports locaux (avions et bus).

LE PARC NATIONAL NATUREL AMACAYACU

Voici un endroit où, en compagnie des Indiens de la région, vous vous sentirez en harmonie avec la nature, comme nulle part ailleurs. Rendez-vous à **Leticia**, à la pointe sud du pays. Cette petite ville, à la frontière avec le **Pérou** et le **Brésil**, est le point d'entrée dans la forêt amazonienne. Le bateau et l'avion sont les seuls moyens d'y accéder. Depuis la ville, vous pourrez facilement organiser une balade sur le fleuve **Amazone**. Comptez environ deux heures de bateau pour rejoindre le parc, un territoire exceptionnel d'environ 300 000 ha. Plus de 450 espèces d'oiseaux y sont répertoriées, dont le colibri émeraude d'Olivares, endémique à la région. À cela s'ajoutent de nombreux mammifères et la plus grande concentration de reptiles du pays. Accompagné par un guide ticano, le kayak est le moyen idéal pour explorer la jungle. Vous pourrez aussi faire des balades sur des sentiers, y compris en début de nuit. Votre perception de l'environnement sera bousculée. Les bruits, les silences, les odeurs et, bien sûr, une petite montée d'adrénaline vous donneront l'impression d'être un explorateur. L'expérience est inoubliable. Les moustiques aussi… Pensez à porter des manches longues et des bottes, et à apporter un répulsif efficace.

CARNET DE VOYAGE

• Les premiers contacts
Ambassade : 22, rue de l'Elysée, 75008 Paris, 01 42 65 46 08, www.embcolfrancia.com. Il n'y a pas d'office du tourisme.

• Les formalités
Ressortissants de l'UE : Passeport valable 6 mois après la date de retour.

• Les langues, la monnaie Langue officielle : espagnol. Environ 85 langues autochtones (guahibo, guambiano, arhuaco, inga, tucano, etc.). **Monnaie** : peso colombien. 1 € = 3 445 COP.

• La population
48,6 millions d'habitants. **Capitale** : Bogotá.

• Les religions
Catholiques en majorité.

• Les fêtes **20 juillet** : fête nationale.

Les colibris peuvent voler à 48 km/h et faire du sur-place.

LA SIERRA NEVADA DE SANTA MARTA

Avec ses quelque 665 espèces identifiées, la Sierra Nevada de Santa Marta, région montagneuse côtière, fait partie des destinations privilégiées pour l'observation ornithologique. La Colombie rassemble environ 20 % de l'avifaune mondiale, dont une vingtaine d'espèces sont endémiques. Un festival de couleurs et de chants. Vous verrez des tangaras, des quetzals au plumage vert et rouge, des *culirrojos* (toucans), peut-être des condors, mais sans aucun doute différentes espèces de colibris. Ces derniers sont fascinants : dotés d'un cœur très gros, ils peuvent battre leurs ailes en moyenne 50 fois par seconde. Pour admirer les volatiles, vous pourrez également vous rendre à **Chocó**, dans la **valle de Cocora** ou dans les **Llanos Orientales**.

QUE VOIR, QUE FAIRE EN COLOMBIE ?

Plongée et snorkeling

- San Andrés et Providencia sont de beaux spots de plongée côté Caraïbes.

Parc national Cahuinarí

- Les immenses caïmans, les singes et les tortues tartarugas, les plus grandes en eau douce.

Parc national naturel Amacayacu

- Balade dans la canopée sur des passerelles à 30 m de haut.

Lac de Tarapoto

- Les dauphins roses dans un paysage idyllique.

Nuqui

- Sur la côte pacifique. la reproduction des baleines à bosse (juin-oct.).

Costa Rica

Forêts tropicales, volcans, montagnes, plaines et rivières se déploient à perte de vue. Le Costa Rica est un enchantement. Une terre paradisiaque où la nature exubérante, que la saison des pluies magnifie, réserve de superbes rencontres avec le monde animal. Les parcs nationaux couvrent 25% du territoire national. Des aras au corps rouge vif aux paresseux, des tortues luths aux capucins à tête blanche, la faune est l'une des raisons de se rendre dans ce petit État niché entre le Pacifique et l'Atlantique.

QUAND PARTIR ?

	Saison sèche	Saison des pluies
Janvier	👁	
Février	👁	
Mars	👁	
Avril	👁	
Mai		👁
Juin		👁
Juillet		👁
Août		👁
Septembre		👁
Octobre		👁
Novembre		👁
Décembre	👁	

LE PARC NATIONAL CARARA

Établi à l'embouchure du **río Tarcoles**, sur la côte pacifique (90 km de **San José**, la capitale), ce parc de 42 000 ha est très accessible. Situé à la jonction de la forêt humide des plaines de la côte et de la forêt sèche du Nord-Ouest, il est peuplé d'une faune abondante qui vit dans des écosystèmes très différents. Vous aurez certainement la chance d'apercevoir des aras rouges (juin-juil.), réputés pour leur fidélité en amour et dont malheureusement la population décroît de plus en plus. Carara compte, par ailleurs, 400 espèces d'oiseaux. Vous ferez aussi la rencontre, entre autres, de pécaris, d'agoutis, de singes et de paresseux (déc.-avr., saison sèche).
Pour bien profiter de ce merveilleux environnement, commencez très tôt votre journée et n'hésitez pas à recourir aux services d'un guide. Vous contribuerez ainsi à l'économie locale. Seul, vous passerez à côté de la plupart des mammifères et des volatiles. Pour une courte randonnée, préférez le *sendero* (sentier) **Quebrada Bonita** au *sendero* **las Aráceas**.

Proie des aigles et des félins, le singe écureuil, ou saïmiri, est constamment sur ses gardes.

QUE VOIR, QUE FAIRE AU COSTA RICA ?

Isla del Cano

- Une réserve biologique marine au large de la péninsule d'Osa. Superbe spot de plongée et snorkeling. Tortues, requins, raies mantas.

Parc national Manuel Antonio

- Sur la côte pacifique, près de Quepos, fabuleux mais très fréquenté.

Parc national Las Baulas de Guanacaste

- Accessible par la mer depuis Tamarindo. Lieu de protection des tortues luths. Ponte entre sept. et mars. Entrées contingentées.

Réserve biologique de La Selva

- Au sud par le parc national du Braulio Carillo, excursions dans l'un des plus grands sites de recherche sur l'environnement tropical au monde. Accès restreint.

LE PARC NATIONAL CORCOVADO

Nous sommes ici proches de l'équateur. La région est chaude et très humide. En vous engageant sur le sentier, vous serez rapidement interpellé par le cri des singes hurleurs. Et peut-être verrez-vous la bouille clownesque du *mono titi* ou singe écureuil, dont l'habitat se limite à une petite zone de la côte Pacifique. Vous serez enchanté de les croiser sur les plages.

En forêt, nous avons souvent le réflexe de lever la tête. Or, si vous regardez vos pieds, vous pourriez être surpris d'assister au spectacle étonnant d'une procession de fourmis Atta qui, chacune, s'agite sous un bout de feuille bien plus grande qu'elle. Ces milliers de champignonnistes rapportent leur butin végétal vers leur fourmilière. Après une phase de mastication, elles régurgitent une sorte de pulpe qui servira « d'engrais » aux champignons, dont elles pourront ensuite se repaître. Observer ce ballet vert est réellement fascinant.

Le parc est, par ailleurs, l'habitat du tapir de Baird. Il ressemble à un grand porc sauvage avec une trompe préhensile au bout de son museau. Ce fourmilier géant est aujourd'hui en voie de disparition – il n'en resterait plus que 3 000 aujourd'hui – tout comme le puma et le jaguar. Crocodiles, lézards, coatis (cousins du raton laveur) et d'innombrables oiseaux cohabitent également au cœur du parc. Rencontre plus improbable : le dynaste Hercule, l'un des plus gros insectes au monde. Une créature aux allures préhistoriques… inoffensive. Vous la verrez plus vraisemblablement enfermée dans un bocal que certains hôtels se plaisent à exhiber pour impressionner leur clientèle. Ce parc

CARNET DE VOYAGE

- **Les premiers contacts** Office du tourisme : www.ambassade-costarica.org, www.costa rica.fr.
- **Les formalités** Ressortissants de l'UE : passeport valable 6 mois après la date de retour (pour un voyage de 90 jours maximum).
- **Les langues, la monnaie** Langue officielle : espagnol. **Monnaie** : colón costaricain. 1 € = 689 CRC.
- **La population** 4,8 millions d'habitants. **Capitale** : San José.
- **Les religions** Catholiques 76 % ; protestants et évangélistes 16 % ; autres 5 %.
- **Les fêtes** **15 septembre** : fête nationale.

COSTA RICA

En Amérique centrale, la population des tapirs de Baird a diminué de moitié en trente ans, en raison de la déforestation.

mérite que l'on y passe 2 ou 3 jours (déc.-avr), à condition de pouvoir supporter l'humidité et les moustiques. Pour vous y rendre, vous devrez prendre un bateau vers le **sentier de San Pedrillo** ou celui de la **Sirena**, plus fréquenté. Dans tous les cas, vous aurez à passer par l'une des stations de rangers pour vous acquitter du droit d'entrée et, le cas échéant, réserver votre hébergement. Vous serez accompagné d'un guide. Des excursions sont organisées depuis **Cabo Matapalo**, **Puerto Jiménez** ou **Bahía Drake**.

LE PARC INTERNATIONAL LA AMISTAD

Cette réserve de biosphère de l'Unesco se trouve à la frontière du **Panamá**, au sud-est de San José, dans la **cordillère de Talamanca**. Cette étendue, difficile d'accès, est la plus grande zone sauvage du pays. Là aussi, au milieu d'une sylve peuplée d'arbres géants, vous pourrez observer des singes, aras rouges, paresseux, coatis, ainsi que le fameux quetzal (nov.-mai). Il existe trois sentiers : **Los Gigantes del Bosque** (2 km), **Valle del Silencio** (14 km) et **Cerro Kamuk** (26 km). Chacun diffère par ses variétés d'arbres et son altitude.

LES CONSEILS GEO

● Les plus

Voyage aventure.
Des écosystèmes très divers.

● Les moins

Le coût de la vie est élevé.

● Les précautions

Les vipères en forêt.
Vérifiez les activités volcaniques.

Écosse

L'Écosse évoque les tourbières, les Hébrides, les Highlands et les grands lochs ponctués de châteaux évocateurs. Voyager dans cette région revient à traverser son histoire et ses espaces naturels saisissants. Devant tant de beautés, le cœur chavire et le silence est d'or. Un itinéraire en voiture est le moyen idéal pour visiter cette terre de légende.

L'ESTUAIRE DE LA MORAY

En été, les dauphins souffleurs, ou grands dauphins, habitent les eaux de cet estuaire de la mer du Nord. En quête de nourriture, ils sont attirés par les saumons qui transitent à cet endroit. De couleur grise, ils sont affublés d'une masse de graisse sur le front. Depuis la **pointe de Chanonry** à proximité de **Fortrose**, vous pourrez vous régaler des acrobaties de ces cétacés qui évoluent en groupe. Depuis le littoral, vous devriez également apercevoir des marsouins, dotés d'une nageoire en triangle postée sur le dos.

LES ÎLES TRESHNISH

Dans la mer des **Hébrides**, à l'ouest de l'Écosse, ce petit archipel compte huit îles inhabitées, aux paysages de toute beauté. Elles constituent une zone de protection pour des espèces

La nature écossaise, comme sur l'île de Skye, est une invitation à la sérénité.

QUAND PARTIR ?

	Cétacés	Oiseaux
Avril	👁	👁
Mai	👁	👁
Juin	👁	👁
Juillet	👁	👁
Août	👁	👁
Septembre	👁	👁
Octobre	👁	👁

peu courantes comme les bernaches nonnettes et les phoques gris qui viennent y mettre bas. Sur l'**île de Lunga**, d'intérêt scientifique, des milliers de macareux, irrésistibles à regarder, viennent nidifier en été. Vous verrez aussi des cormorans. Des excursions sont organisées pour l'observation des baleines de Minke et des dauphins.

LE PARC NATIONAL DE CAIRNGORMS

En plein centre de l'Écosse, ce parc compte non seulement l'un des plus hauts sommets de la région, le **Ben Nevis,** mais également l'une des dernières forêts primaires du Royaume-Uni, la **Caledonian Forest**. Même si vous n'y êtes pas obligé, n'hésitez pas à avoir recours à un guide pour explorer cet endroit exceptionnel. Écureuils rouges, aigles royaux, balbuzards, cygnes et cerfs seront dans votre environnement quotidien.

Les écureuils roux mènent une rude bataille de territoire contre leurs congénères à robe grise, qui progressent dans le nord de l'Écosse.

LES CONSEILS GEO

• Les plus

Des paysages somptueux.
Un paradis ornithologique.

• Les moins

Dans les régions les plus reculées, les hébergements se raréfient.
Les midges (petits moucherons) en été. Une vraie plaie.

• Les précautions

Contre les midges, portez des vêtements clairs et couvrez-vous jambes et bras.

Les macareux sont peu craintifs mais, lorsqu'ils se sentent dérangés, ils n'hésitent pas à abandonner leur nid.

Un écureuil semble être une petite créature dont l'intérêt vous a échappé jusque-là. Mais lorsque l'on peut en apercevoir un, on se surprend à se passionner pour le moindre de ses mouvements. Le parc est aussi un refuge des chats sauvages d'Écosse, une espèce particulièrement menacée. Vos meilleures chances de les voir sont à proximité du **Highland Wildlife Park**.

CARNET DE VOYAGE

• Les premiers contacts Office du tourisme : www.visitscotland.com.

• Les formalités Ressortissants de l'UE : carte d'identité nationale ou passeport valable 3 mois après la date de retour. L'Écosse est l'une des 4 nations constitutives du Royaume-Uni.

• Les langues, la monnaie Langue officielle : anglais. **Monnaie :** livre sterling. 1 € = 0,88 GBP.

• La population 5,4 millions d'habitants (65,64 millions d'habitants au Royaume-Uni). **Capitale :** Édimbourg.

• Les religions Presbytériens 76 % ; catholiques 20 %.

• Les fêtes **30 novembre :** Saint Andrew, fête nationale.

QUE VOIR, QUE FAIRE EN ÉCOSSE ?

Trossachs

- Le centre des visiteurs de David Marshall Lodge pour l'observation des balbuzards pêcheurs (mars-oct.).

Train à vapeur

- Des paysages grandioses de Aviemore à Broomhill sur le St Rathspey Railway. Idéal en famille.

Île de Skye

- Le pays des phoques, des aigles de mer et des fous de Bassan.

Île de May

- Un tour en bateau au cœur d'un milieu sauvage.

États-Unis

Thomas Cole, peintre de paysages, voyait dans la nature une oasis à préserver pour l'avenir. Il inspira la création, en 1872, du premier parc national du monde, le Yellowstone. La nature sauvage et grandiose est intrinsèque à la culture américaine. Mais la protéger exige des efforts incessants. Certaines populations animales sont menacées de disparition, d'autres resurgissent en nombre. Une chose est sûre : rencontrer la faune sauvage des parcs nationaux américains a quelque chose de mythique.

LE PARC NATIONAL DE YELLOWSTONE

Emblématique de l'Ouest américain, ce parc de 900 000 hectares est peuplé, entre autres, de bisons, wapitis (grands cerfs), grizzlis et ours bruns. Ajoutez les loutres, coyotes, renards, chèvres de montagne, oiseaux multiples et bien d'autres encore. Yellowstone est la promesse de vivre un moment mémorable au milieu d'une faune qui évolue en liberté dans le plus ancien parc national du monde, réserve de biosphère de l'Unesco. Un passage dans l'un des centres de visiteurs, disséminés dans le parc, est plus que conseillé. Vous y trouverez des cartes mais surtout des conseils utiles sur les bons endroits où se rendre et les précautions à prendre. En outre, vous rencontrerez régulièrement des rangers. S'ils sont plus ou moins bavards, ils indiquent, en général, les meilleurs spots pour voir les animaux et organisent des conférences thématiques très intéressantes. Pour augmenter vos chances, une règle d'or : la patience. Ajoutez à cela du bon sens : les animaux sont plus actifs le matin et le soir. Par ailleurs, sachez que vous ne serez pas seul… Le parc est un haut lieu du tourisme. À l'est, les **Lamar Valley** et **Hayden Valley**, à forte concentration animale, sont parmi les lieux

Le parc national de Yellowstone compte la plus grande population de bisons sauvages des États-Unis.

LES CONSEILS GEO

• Les plus
L'immensité et la variété des paysages.
Une faune sauvage passionnante.

• Les moins
Les distances.
La concentration de parcs nationaux dans l'Ouest.

• Les précautions
Pour éviter d'attirer les ours, ne laissez pas traîner de nourriture et ne tentez pas de vous approcher des animaux.

les moins fréquentés. Vous ne verrez probablement jamais de loups mais, en revanche, vous pourrez vous retrouver face à un ours noir ou à un grizzli. Dans ce cas, gardez le plus possible vos distances, sans courir ni crier. S'il semble agressif, ce qui est rare, faites le mort. Souvenez-vous que les ours grimpent aux arbres... D'une façon générale, n'oubliez pas que n'êtes pas dans un zoo. Les bisons sont colossaux, les wapitis énormes et les plantigrades encore plus... En cas de rencontre malencontreuse, les animaux auront aussi peur que vous. Restez toujours discret et prudent. En termes de climat, de juin à septembre, les températures sont idéales. Toutefois, le parc est bondé en été. Au printemps, il fait frais, mais c'est l'époque des naissances. Visiter Yellowstone demande un peu de préparation. Ce parc est un monde à part. Magnifique est un faible mot.

LE PARC NATIONAL DE KATMAI

C'est un spectacle inouï que de voir des grizzlis en pleine partie de pêche ! Il se déroule de juillet à septembre dans ce parc du sud-ouest de l'**Alaska**. Les saumons remontent la **rivière Brooks** pour se reproduire à cette période de l'année. Un casse-croûte protéiné pour ces ours herculéens, en grand nombre à **Katmai**. Des pontons d'observation sont aménagés sur les bords de la rivière ou près des **chutes de Brooks**.

QUAND PARTIR ?

	Ouest	Est	Alaska
Janvier			👁
Février			👁
Mars			👁
Avril	👁		👁
Mai	👁		
Juin	👁		
Juillet	👁	👁	
Août	👁	👁	
Septembre	👁	👁	
Octobre		👁	
Novembre			👁
Décembre			👁

CARNET DE VOYAGE

• Les premiers contacts
Office du tourisme, www.office-tourisme-usa.com, Yellowstone : www.visitmt.com.

• Les formalités
Ressortissants de l'UE : passeport valable 6 mois à la date d'entrée dans le pays. Se munir d'une autorisation électronique de voyage (Esta) avant le départ. Demande en ligne : https://esta.cbp.dhs.gov. Elle est valable 2 ans.

• Les langues, la monnaie Les États-Unis n'ont pas de langue officielle. L'anglais est la langue maternelle de 80 % de la population ; 13 % pour l'espagnol. **Monnaie** : dollar américain. 1 € = 1,20 USD.

• La population
323 millions d'habitants. Les Hispaniques sont la 1re minorité du pays (16,3% de la population).
Capitale : Washington, D.C.

• Les religions
Protestants 52 % ; catholiques 26 % ; juifs 1,4 %; musulmans 0,6 %.

• Les fêtes **4 juillet** : fête nationale.

ÉTATS-UNIS

Le museau de l'alligator est large et arrondi, contrairement à celui, fin et pointu, du crocodile. Ces espèces cohabitent dans les Everglades.

LE PARC NATIONAL DES EVERGLADES

Situés en **Floride**, les Everglades sont l'une des zones humides les plus importantes au monde. Le parc, réserve de biosphère et listé au patrimoine de l'Unesco, couvre environ 20 % de cette région. Les « marécages éternels » peuplés d'échassiers, de rapaces et d'oiseaux terrestres et aquatiques sont aussi le seul endroit de la planète où alligators et crocodiles cohabitent. Sur place, vous apprendrez à les distinguer. Les premiers ont un museau plus large et exècrent l'eau de mer, alors que les seconds s'y complaisent. Ces habitants des marécages ne figurent plus sur la liste des espèces en voie de disparition, mais restent menacés. Aucune embarcation motorisée n'est autorisée dans le parc. Le niveau de décibels que produisent les *air-boats* (hydroglisseurs) est très perturbateur pour les animaux. Un casque est d'ailleurs donné aux passagers. Ces bateaux sont cependant autorisés hors du parc. Étonnant, sachant que la faune n'a pas de frontière… Les Everglades sont, en tout cas, propices à la randonnée à pied ou à vélo. Le silence semble mieux indiqué dans un environnement aussi magnifique. Un conseil : évitez la région en été. Les moustiques sont un vrai cauchemar.

QUE VOIR, QUE FAIRE AUX ÉTATS-UNIS ?

Grand Teton

- La porte d'entrée sud du Yellowstone, dans les Rocheuses. Pour les bisons, grizzlis, orignaux et élans. Oxbow Bend sur la route 89 est un bon spot.

Chevaux mustangs

- Le Mustang Monument, premier éco-sanctuaire de chevaux sauvages aux États-Unis. À Wells, dans le nord-est du Nevada, près de la frontière de l'Utah.

Montezuma National Wildlife Refuge

- L'observation des oiseaux. Environ 5 km de sentiers de randonnée. Entre Syracuse et Rochester (État de New York).

Shenandoah National Park

- La Skyline Drive. Paysages montagneux et boisés.

Gabon

Le Gabon est le seul endroit au monde où l'on peut voir des hippopotames barboter dans les vagues de l'océan et des éléphants prendre le soleil sur la plage. La forêt équatoriale, d'une incroyable densité, fait de ce pays le deuxième poumon vert de la planète. Plages sauvages et mangroves s'étendent sur ses 890 km de côtes.

LE PARC NATIONAL LOANGO

Logé à environ 300 km au sud de **Libreville**, la capitale, ce parc de la province de l'Ogooué-Maritime, est un véritable bijou. Ses frontières naturelles sont formées par l'océan Atlantique à l'ouest et par des lagunes et marécages partout ailleurs. Le périple pour s'y rendre est loin d'être aisé. Le paradis sur terre se mérite ! La faune foisonne dans un environnement composé de forêts, de savanes, de lagunes et de plages. Des mammifères – éléphants, buffles, gorilles et chimpanzés – trouvent refuge dans la forêt ou pour certains sur les plages, où viennent aussi pondre des tortues marines (nov.-fév.). Les hébergements proposés dans le parc se fondent avec discrétion dans la nature afin de préserver l'environnement. Ces dernières années, le Gabon s'est engagé dans la voie de l'écotourisme.

LE PARC NATIONAL DE LA LOPÉ

Il a la réputation d'abriter la plus grande densité d'éléphants d'Afrique au kilomètre carré. Listé au patrimoine mondial de l'Unesco, ce parc se trouve dans le centre du Gabon. On peut y accéder par le train depuis Libreville. Outre les populations d'oiseaux rares, comme la bouscarle géante, le parc est peuplé de grandes colonies de gorilles et de chimpanzés. Un centre de recherche installé dans le parc est dédié aux mandrills, de magnifiques primates en voie d'extinction.

QUAND PARTIR ?

	Primates	Tortues
Janvier	●	◉
Février	●	◉
Mars	●	
Avril	●	
Juin	●	
Juillet	●	
Août	●	
Septembre	●	
Octobre	●	
Novembre	●	◉
Décembre	●	◉

LES CONSEILS GEO

- **Les plus**
La richesse des écosystèmes et la nature intacte.

- **Les moins**
Un coût de la vie très élevé.

- **Les précautions**
Le 4 x 4 est fortement recommandé, avec ou sans chauffeur.
Le permis international est obligatoire pour louer un véhicule (âge minimum : 21 ans).

CARNET DE VOYAGE

- **Les premiers contacts**
http://www.legabon.org.

- **Les formalités**
Ressortissants de l'UE : passeport valable 6 mois après la date de retour.

- **Les langues, la monnaie** Langue officielle : français. Une cinquantaine de langues africaines sont également parlées, dont le fang, le mbédé et le punu. **Monnaie** : franc CFA. 1 € = 656 XAF.

- **La population**
1,979 million d'habitants.
Capitale : Libreville.

- **Les religions**
Catholiques en majorité.

- **Les fêtes** **17 août** : fête nationale.

Les gorilles des plaines de l'ouest vivent dans la forêt équatoriale du Gabon qui recouvre 85 % du pays.

LE PARC NATIONAL DE PONGARA

Il se trouve à proximité de Libreville (1 heure en bateau). Hippopotames, crocodiles et tortues marines évoluent entre l'océan et les lagunes. Les mangroves sont particulièrement impressionnantes. La faune aviaire abonde également sur les bancs de sable.

LE PARC NATIONAL D'AKANDA

Situé au nord-est, ce parc est également proche de la capitale. Il est réputé pour son immense concentration d'oiseaux migrateurs. De petits singes et des lamantins se logent dans les méandres des forêts de mangrove.

QUE VOIR, QUE FAIRE AU GABON ?

Gorilles

- Selon des règles très strictes et après des heures de marche, il est possible de voir des gorilles dans le parc national de Moukalaba-Doudou.

Baleines à bosse

- Après leur migration depuis l'Antarctique, les baleines viennent se reproduire le long des côtes gabonaises (fin juin-fin sept.). Au large du cap Lopez (Port-Gentil), dans les parcs de Loango, de Pongara et de Mayumba.

Transgabonais

- Train mythique entre Libreville et Franceville.

Galápagos

Avec leurs paysages lunaires ou leur végétation luxuriante, les 19 îles des Galápagos présentent une surprenante diversité naturelle. Entourées d'une réserve marine, elles semblent posées là, au « milieu du monde ». Situées dans l'océan Pacifique, à quelque 1 000 km des côtes équatoriennes, ces îles abritent une faune unique au monde.

QUAND PARTIR ?	
Janvier	👁
Février	👁
Mars	👁
Avril	👁
Juin	👁
Juillet	👁
Août	👁
Septembre	👁
Octobre	👁
Novembre	👁
Décembre	👁

LES CONSEILS GEO

- **Les plus**

La proximité des animaux.
La variété des îles.

- **Les moins**

Le coût élevé.

- **Les précautions**

Il est fortement recommandé de ne pas nourrir ni toucher les animaux.

EN BATEAU

La croisière est un moyen très agréable d'explorer les îles. La navigation s'opère de nuit. Dans la journée, vous aurez l'occasion de vous balader à pied, de plonger, de vous adonner au snorkeling ou tout simplement de nager. Afin d'éviter la présence de plusieurs bateaux au même endroit et au même moment, chaque navire doit suivre un itinéraire précis, fixé par le parc national des Galápagos. L'un de leurs guides naturalistes professionnels sera votre compagnon de voyage. Votre périple pourra durer de 4 à 15 jours, selon votre budget et votre disponibilité. Les itinéraires peuvent être modifiés en fonction des restrictions du parc.

Les paysages sont très différents d'une île à l'autre. La plupart des départs en bateau s'effectuent depuis **Santa Cruz**. L'**île Española**, zone volcanique très aride, à l'extrême sud-est de l'archipel, est peuplée de colonies de l'admirable albatros (fin mars- janv.) et de plusieurs espèces de fous, dont ceux, magnifiques, à pieds bleus. Sur l'**îlot Las Tintoreras**, vous aurez l'occasion d'observer une grande population d'iguanes marins et de manchots. De petits requins à pointes blanches et des raies évoluent dans les eaux d'**Isabela,** aussi appelée **Albemarle**.

La plupart des navires embarquent de 12 à 16 passagers. Des croisières, plus exclusives, en voilier ou en catamaran, sont également proposées. Tout est une question de moyens ! Il est impossible d'explorer toutes les îles lors d'un seul voyage.

CARNET DE VOYAGE

- **Les premiers contacts**
http://www.canalmonde.fr
- **Les formalités**
Ressortissants de l'UE : passeport valable 6 mois après la date de retour.
- **Les langues, la monnaie** Langue officielle : espagnol. Le quechua et le shuar sont également parlés. **Monnaie** : dollar américain.
- **La population**
16,38 millions d'habitants. **Capitale de l'Équateur** : Quito.
- **Les religions**
Catholiques 74% ; protestants 10%.
- **Les fêtes** **10 août** : fête nationale.

Les tortues géantes des Galápagos peuvent vivre 300 ans.

Vous pourrez faire des excursions d'une journée ou plus. Le climat tropical de l'archipel permet de s'y rendre toute l'année. Il fait plus chaud de janvier à juin, tandis que, de juillet à décembre, les eaux sont plus froides.

UNE BIODIVERSITÉ PROTÉGÉE

Les îles accessibles se visitent toujours avec un guide expérimenté. L'archipel des Galápagos, classé au patrimoine mondial de l'Unesco, abrite une biodiversité dont le niveau d'endémisme est l'un des plus importants au monde. Les animaux ne sont pas craintifs mais vous serez néanmoins sensibilisés au fait que la distance et le silence sont indispensables à leur survie. Le prix d'entrée dans le parc s'élève à 100 USD (en espèces; réduction de 50 % pour les enfants de moins de 12 ans). Dans un futur proche, ce prix est susceptible d'augmenter afin de limiter encore davantage le nombre de visiteurs.

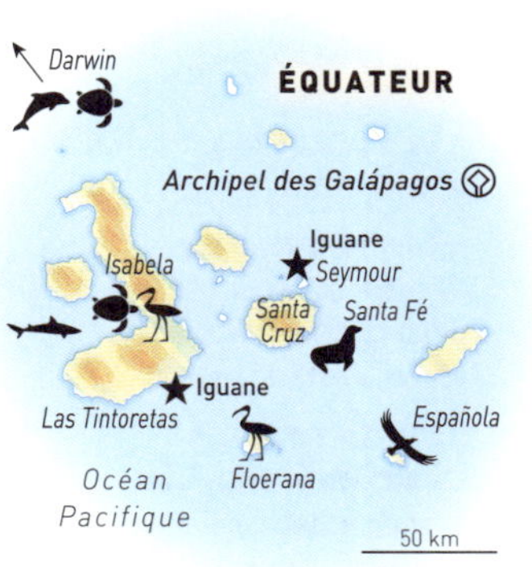

QUE VOIR, QUE FAIRE AUX GALÁPAGOS ?

Îles Darwin

- Réputée pour la plongée. Dauphins, tortues marines, requins-baleines et requins-marteaux. Sur terre, iguanes et otaries.

Floreana

- Une petite perle dans l'océan peuplée de flamants roses.

Île Seymour

- Au nord de Santa Cruz, des colonies de frégates, d'iguanes terrestres et d'otaries.

Santa Fé

- Des cactus géants et des lions de mer.

Inde

Animaux et divinités sont indissociables en Inde. Hanuman, dieu singe, Garuda, dieu mi-homme mi-aigle, Ganesh, dieu éléphant... Dans un autre monde, les tigres et les rhinocéros sont à la fois vénérés et victimes de braconnage. Les éléphants sont adorés et exploités à des fins touristiques. On peut espérer que la préservation des écosystèmes devienne une préoccupation majeure.

QUAND PARTIR ?

	Himalaya	Rajasthan
Janvier	👁	👁
Février	👁	👁
Mars	👁	👁
Avril	👁	
Mai	👁	
Octobre	👁	
Novembre	👁	
Décembre	👁	

LE PARC NATIONAL DE KAZIRANGA

Ce parc est connu pour sa population de rhinocéros unicornes. Situé à l'est de l'**Himalaya**, dans l'État de l'**Assam**, il conjugue de magnifiques paysages. Vous serez obligatoirement encadré par un guide du parc qui vous mènera, entre autres, à des tours d'observations (mi-nov.-début avr.). Vous verrez des éléphants arpenter des prairies herbeuses, des pangolins, des cerfs et des singes dans les parties forestières. En outre, ce lieu accueille des milliers d'oiseaux migrateurs qui affectionnent les grandes zones marécageuses. Vous rêverez de rencontrer un tigre mais cela restera très improbable. Au mieux, votre guide vous montrera ses traces. Les animaux de ce parc font l'objet d'une sérieuse

LES CONSEILS GEO

• Les plus

Patrimoines naturel et culturel remarquables.
Les réseaux ferroviaire et aérien.

• Les moins

En haute saison, les hôtels sont souvent complets.
Les inondations pendant la mousson.

• Les précautions

Eau en bouteille indispensable.
Vérifiez les prestations vendues par les tour-opérateurs locaux.

CARNET DE VOYAGE

• Les premiers contacts
Office du tourisme, 13, bd Haussmann, 75009 Paris, 01.45.23.30.45. www.incredibleindia.org.

• Les formalités
Ressortissants de l'UE : passeport valable 6 mois après le retour, visa obligatoire et payant (http://indianvisaonline.gov.in). Permis spécial pour les îles Andaman.

• Les langues, la monnaie Langue officielle : hindi, voisinant avec 22 langues reconnues et plusieurs milliers de dialectes. L'anglais est très courant.
Monnaie : roupie indienne.
1 € = 76,50 INR.

• La population
1,324 milliard d'habitants.
Capitale : New Delhi.

• Les religions
Hindouistes 81 % ; musulmans 13,4 % ; chrétiens 2,3 %, sikhs 1,9 % ; bouddhistes 0,7 %.

• Les fêtes **26 janvier** : fête nationale.

Les rhinocéros souffrent de braconnage dans le parc national de Kaziranga, listé au patrimoine mondial de l'Unesco depuis 1985.

protection. Braconnage oblige, surtout pour les rhinocéros. Évitez les propositions de promenade à dos d'éléphant. Le parc est fermé pendant la mousson (juin-sept.). L'entrée principale se trouve dans la ville de **Kohora**.

LE PARC NATIONAL DE KEOLADEO GHANA

Autrefois, les maharadjahs venaient chasser le canard dans ce qui était alors une réserve princière du **Rajasthan**. Aujourd'hui, ce parc, proche de **Bharatpur**, est un sanctuaire pour les milliers d'oiseaux qui migrent chaque année depuis la Chine, l'Afghanistan ou encore de la Sibérie. Ainsi, vous assisterez à une ronde céleste de faucons, alouettes, pélicans ou moucherolles. Vous aurez peut-être la chance d'apercevoir la grue de Sibérie et l'aigle royal. Ce lieu est un véritable Éden ornithologique, où l'on peut également apercevoir un grand nombre de mammifères. Vous pourrez facilement dédier une journée à cette oasis de verdure nichée au milieu d'un environnement à la forte densité de population. Plusieurs moyens s'offrent à vous pour explorer le parc : à pied, à vélo ou en bateau. Il est ouvert toute l'année, mais préférez la période de novembre à mars.

QUE VOIR, QUE FAIRE EN INDE ?

Parc national de Rajaji

- Sur les contreforts de Shivalik, proche de Delhi. Population d'éléphants.

Réserve naturelle de Wayanad

- Au nord-est du Kerala. Safaris organisés dans une nature intacte.

Temple de Deshnok

- Au sud de Bikaner (Rajasthan), les rats blancs, sacrés en Inde, circulent librement en nombre.

Îles Andaman

- Plongée remarquable dans l'île d'Haveloc, peu fréquentée.

Pages suivantes : apercevoir un tigre lors d'un séjour en Inde est un privilège extrêmement rare.

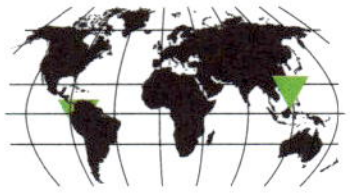

Indonésie

L'Indonésie est l'un des pays où de nombreuses espèces sont menacées d'extinction. Orangs-outans, tortues, éléphants, varans, multiples oiseaux et créatures marines figurent sur cette triste liste. Heureusement, l'archipel abrite aujourd'hui des sanctuaires pour les protéger. Ce pays est aussi béni des dieux pour la biodiversité sous-marine dont il jouit, notamment dans le Sulawesi, où les eaux de l'océan Indien et du Pacifique se rejoignent.

LE PARC NATIONAL DE GUNUNG LEUSER

Le mont Leuser (3 381 m) a donné son nom à ce parc du nord de Sumatra. Le sanctuaire de **Bukit Lawang** est l'un des rares endroits au monde où l'on peut encore découvrir des orangs-outans dans leur milieu naturel (voir focus p. 136-137). Vous ferez une balade magique dans la forêt épaisse, où cris et bruissements mystérieux témoignent de la vie grouillante de la jungle. Le long de la rivière, vous verrez peut-être des éléphants venus se désaltérer. Cette région abrite plusieurs espèces, dont des singes et des oiseaux fabuleux, que la déforestation met en danger. En visitant ce parc écotouristique, vous contribuerez à la protection de cet environnement précieux.

LE PARC NATIONAL DE TANJUNG PUTING

Ce parc est un incontournable pour qui veut rencontrer des orangs-outans. Situé dans le **Kalimantan**, la partie indonésienne de l'**île de Bornéo**, il abrite trois camps de réhabilitation dédiés au plus grand primate d'Asie : **Tanjung Harapan**, **Pondok Tanggul** et **Camp Leakey**. Ce dernier réhabitue les orangs-outans, capturés comme animal domestique, à vivre en liberté dans leur espace naturel. Au cours de cet itinéraire, vous observerez de nombreux autres singes, dont les nasiques, ainsi que des oiseaux. Les rivières sont peuplées de crocodiles. La baignade n'est pas recommandée.

Les calaos sont menacés par la perte de leur habitat, due à la déforestation.

LE PARC NATIONAL DE MERU BETIRI

La vie sauvage prend tout son sens dans ce parc très peu fréquenté. Plages désertes, caféiers, cacaoyers et forêt luxuriante sont le cadre naturel de ce parc situé dans la partie la plus orientale de **Java**. Vous verrez, entre autres, de nombreux singes et cacatoès. Entre la jungle et l'océan Indien, vous pourrez aussi découvrir une pépite : la plage aux tortues de **Sukamade**. Pour y parvenir (97 km de la ville de **Banyuwangi**), le voyage est quelque peu éprouvant, mais quel endroit ! Quatre des sept espèces de tortues qui existent dans le monde viennent pondre sur cette plage immaculée. Le spectacle des *tukik* (nouveau-nés) qui s'efforcent de rejoindre la mer est inoubliable.

LA PLONGÉE DANS LE SULAWESI

La quatrième plus grande île d'Indonésie est une destination de rêve pour les plongeurs. Au nord, le **parc national de Bunaken**, le détroit de Lembeh, l'**île de Gangga** et, au sud, l'**archipel de Wakatobi** font partie des meilleurs spots de plongée au monde. Bancs de barracudas, raies mantas et hippocampes pygmées peuplent ces eaux. Les massifs coralliens et les tombants multicolores sont spectaculaires. La plongée en surface est une belle introduction à ce que l'on

QUAND PARTIR ?

	Sumatra	Java	Kalimantan	Sulawesi
Jan.	👁			
Fév.	👁			
Mars	👁	👁	👁	
Avril	👁	👁	👁	🤿
Mai		👁	👁	🤿
Juin	👁	👁	👁	🤿
Juillet	👁	👁	👁	🤿
Août		👁	👁	🤿
Sept.		👁	👁	🤿
Oct.		👁	👁	🤿
Nov.			👁	

LES CONSEILS GEO

• Les plus

La variété des environnements offre un nombre infini de possibilités dans tout l'archipel. Les sanctuaires dédiés à la protection des espèces.

• Les moins

Trajets parfois laborieux.
Bus souvent bondés.
Hors des parcs, les animaux peuvent être incarcérés pour être montrés plus facilement aux touristes. Évitez ces pièges qui encouragent la menace des espèces. Un tarsier en cage peut mourir de stress.

• Les précautions

Sur la plage de Sukamade, les puli puli, puces des sables, sont redoutables.
Dans la réserve de Tangkoko, il est impératif de porter des pantalons rentrés dans des chaussettes épaisses pour éviter toute piqûre d'insectes.
Méfiez-vous toujours des rivières avant de vous baigner.

peut découvrir, avec des bouteilles, en profondeur. Là, des créatures des plus étranges, dont certaines ne sont pas encore répertoriées, semblent sortir des films de science-fiction les plus délirants.

LA RÉSERVE DE TANGKOKO

Macaques noirs à crête, calaos, lézards volants... Vous verrez sans aucun doute ces espèces dans la jungle fabuleuse de la **réserve de Tangkoko**, située à l'extrême nord-est de l'île de **Sulawesi**, entre la mer des Célèbes et la mer des Moluques. Mais apercevoir le tarsier, la star de la forêt, est une quête qui mérite à elle seule le voyage. Le plus petit primate du monde, une espèce endémique de l'île, se débusque à la tombée du jour grâce à votre guide, que vous devrez obligatoirement engager pour vous rendre dans la réserve. Sous la lumière déclinante, vous serez pris par la symphonie qui rythme ce monde mystérieux. Sifflements, cris, grincements, craquements... c'est le moment où l'on retient sa respiration. Et soudain, il est là, au-dessus de votre tête. Deux soucoupes brillantes vous observent. Le tarsier est tout aussi étonné que vous êtes ému par cette expérience unique. Son corps de 15 cm agrippé sur le tronc d'un arbre géant est fascinant. Son apparence semble osciller entre le singe et la chauve-souris. Farouche, il ne bouge pas. Ses yeux globuleux sont hypnotiques. À tout moment, il peut faire un bon

CARNET DE VOYAGE

• Les premiers contacts Visit Indonesia, c/o Interface Tourism : 01 53 25 11 11 , www.tourisme-indonesie.fr.

• Les formalités
Ressortissants de l'UE : passeport valable encore 6 mois après le retour.

• La santé Présence de paludisme en dehors des grandes villes et des lieux touristiques de Bali et de Java.

• Les langues, la monnaie Langue officielle : l'indonésien et 250 dialectes. **Monnaie** : rupiah. 1 € = 14 400 IDR.

• La population
261 millions d'habitants, dont plus de la moitié dans la seule île de Java. Les Malais sont les plus nombreux. **Capitale** : Jakarta.

• Les fêtes **17 août** : fête nationale.

Le tarsier pèse environ 130 g et mesure de 10 à 15 cm, sans la queue.

de 3 m pour attraper sa proie, une sauterelle de préférence. Sa tête, aussi grosse que son corps, est capable de pivoter à 180 °. Ses pieds semblent démesurés. D'ailleurs, son nom tient aux os du tarse, particulièrement allongés. Vous ne pouvez vous empêcher de le comparer au maître Jedi de *La Guerre des étoiles*. Vous serez alors submergé par l'émotion, car dorénavant vous faites partie des quelques privilégiés qui ont pu apercevoir ce drôle d'animal que les habitants appellent *hantou*, le fantôme, à la fois vénéré et craint par les Indonésiens.

Pour vous rendre dans ce paradis vert, depuis **Manado**, comptez environ deux heures de bus pour atteindre le village de pêcheurs de **Batu Putih**, où se trouve l'entrée de la réserve de Tangkoko. Il sera très facile de trouver un guide depuis votre hôtel.

QUE VOIR, QUE FAIRE EN INDONÉSIE ?

Archipel de Komodo

Île de Rinca

- Plus petite et moins fréquentée que Komodo.

Sulawesi

Parc national de Lore Lindu

- Immenses papillons, tarsiers et cacaotès dans une forêt luxuriante peu connue. Guide recommandé.

Barracudas Point

- Un grand tombant où l'on peut voir jusqu'à 30 m. Pour plongeurs expérimentés.

Selon certains, la Tanzanie serait pour les voyageurs en 4 x 4, et le Kenya pour les touristes en minibus. Pourtant, parmi les 52 réserves et parcs du Kenya, vous réaliserez forcément le safari de vos rêves. Définissez bien vos critères et trouvez la bonne agence pour l'organiser.

Kenya

LE PARC NATIONAL DE TSAVO

Caractérisé par une terre rouge, ce parc est l'un des plus grands d'Afrique. La route de **Nairobi** à **Mombasa** le divise en deux régions distinctes. Le Tsavo Ouest, ponctué de collines, de savanes plantées d'acacias et parcouru de rivières contraste avec les grandes plaines arides du Tsavo Est. Dans le premier, immense, il n'est pas toujours aisé d'observer les Big Five et autres animaux, mais les paysages sont spectaculaires. Le deuxième, plus petit, attire plus de visiteurs, car la faune est plus concentrée, notamment aux points d'eau. Dans les deux parcs, les pachydermes sont en grand nombre malgré les menaces de braconnage.

LA RÉSERVE DE KAKAMEGA

Nichée au cœur de la dernière plus grande forêt tropicale du Kenya, Kakamega est l'habitat de nombreux primates, dont le potto de Bosman qui serait le mammifère le plus lent de la planète. La forêt compte aussi une grande variété de papillons aux couleurs extraordinaires et quelque 350 espèces d'oiseaux. Cette réserve est traversée par deux superbes rivières : **Isiukhu et Yala**. Depuis le sommet de la colline de **Lirhanda** (1 734 m) la vue est imprenable.

QUAND PARTIR ?

	Saison sèche	Saison des pluies
Janvier	👁	
Février	👁	
Mars	👁	
Avril		👁
Mai		👁
Juin		👁
Juillet	👁	
août	👁	
Septembre	👁	
Octobre	👁	
Novembre		👁
Décembre	👁	

LES CONSEILS GEO

• Les plus
Le coût des safaris.

• Les moins
Zone très touristique. Dans les parcs moins fréquentés, la faune y est tout aussi abondante.

• Les précautions
Assurez-vous que votre guide est un professionnel.

CARNET DE VOYAGE

• Les premiers contacts
Office de tourisme, c/o ambassade du Kenya, 11, rue Blanche, 75009 Paris, 01 53 25 12 07, www.magicalkenya.fr.

• Les formalités
Ressortissants de l'UE : passeport valable 6 mois après le retour.

• La santé Présence de paludisme toute l'année. Fièvre jaune non obligatoire, mais vaccin conseillé pour certaines régions.

• Les langues, la monnaie Langues officielles : anglais, swahili. **Monnaie** : shilling kenyan. 1 € = 130 KES.

• La population
48,4 millions d'habitants. **Capitale** : Nairobi.

• Les religions
Protestants 45 % ; catholiques 33 % ; musulmans 10 %; animistes 10 %; autres 2%.

• Les fêtes **12 décembre** : fête nationale.

On compte plus d'un millier d'éléphants dans le parc d'Amboseli, situé au pied du Kilimandjaro.

LE PARC NATIONAL D'AMBOSELI

Il est particulièrement fréquenté par les éléphants qui semblent plus qu'ailleurs épargnés par le braconnage. Vous aurez la possibilité de les approcher, car ils sont habitués à la présence humaine.

LE PARC NATIONAL DE MERU

Après des années de massacres, ce parc est aujourd'hui une zone protégée où les animaux peuvent s'épanouir. Savane ambrée, acacias en abondance, forêts percées de cours d'eau... ce parc est un véritable éden. Malgré la profusion d'animaux, dont le singe noir et blanc à queue touffue, peu de visiteurs s'y aventurent.

QUE VOIR, QUE FAIRE AU KENYA ?

Parc national du Masaï-Mara
- Le spectacle des migrations de gnous et de zèbres, en juillet.

Réserve nationale de Samburu
- Admirer les lions, léopards et guépards présents en grand nombre.

Parc national de Marsabit
- Une oasis de verdure en plein désert. Voyage insolite et hors des sentiers battus à 8 heures de route de Nairobi.

Lac Bogoria
- Ce lac salé attire la plus grande population de flamants roses au monde.

Madagascar

La terre où les baobabs, les lémuriens et les zébus sont emblématiques, a fort à faire en matière de protection des espèces animales et végétales. La conservation de la biodiversité malgache est un enjeu au même titre que le développement économique du pays. Madagascar, si grande, si riche d'une nature fabuleuse, se laisse découvrir avec du temps et de la patience.

LE PARC NATIONAL DE LOKOBE

Depuis le village de pêcheur d'**Ambatozavavy**, une pirogue vous mènera en 45 minutes dans ce parc du sud-est de l'**île de Nosy Be**, créé en 2011. Vous passerez de la plage à la forêt tropicale où règnent en toute splendeur les *potomeia*, ces arbres qui peuvent atteindre 40 m de hauteur. Peuplé de lémuriens noirs et de lémuriens dorsalis, dotés de grands yeux et de petites oreilles rondes, mais aussi de caméléons, de reptiles et d'oiseaux, ce lieu se parcourt en toute autonomie grâce à trois itinéraires sécurisés. Chacun des circuits s'effectue entre deux et trois heures. La forêt est un enchantement.

LE PARC NATIONAL DE RANOMAFANA

Situé à 70 km à l'est de **Fianarantsoa**, sur le littoral oriental du pays, ce parc est listé au patrimoine mondial de l'Unesco. Forêt humide, falaises couvertes d'une végétation luxuriante et cascades ornent cet endroit où vivent de nombreuses espèces de lémuriens et des caméléons aux couleurs étonnantes. Vous trouverez facilement un guide pour vous mener à travers la forêt. Au cours de votre périple, guettez le canard de Meller au long bec bleu-gris, endémique et en voie d'extinction.

QUAND PARTIR ?

	Nord	Est
Mai	👁	
Juin	👁	
Juillet	👁	
Août	👁	
Septembre	👁	👁
Octobre	👁	👁
Novembre	👁	

LES CONSEILS GEO

- **Les plus**
Des paysages époustouflants. La gentillesse des Malgaches.
- **Les moins**
Les longues distances à parcourir.
- **Les précautions**
Vérifiez l'état sanitaire des régions où vous souhaitez vous rendre. Évitez de vous baigner dans les points d'eau.

CARNET DE VOYAGE

- **Les premiers contacts**
Bureau touristique de l'ambassade : 4 av. Raphaël, 75016 Paris, 01 45 04 62 11, info-tourisme-madagascar.com, www.tourisme.gov.mg.
- **Les formalités**
Ressortissants de l'UE : passeport valable 6 mois après le retour. Visa obligatoire.
- **La santé** Présence de paludisme toute l'année. Risque plus élevé dans les zones côtières.
- **Les langues, la monnaie** Langue officielle : malgache. Français très courant. **Monnaie** : ariary. 1 € = 3 506 MGA.
- **La population**
24,89 millions d'habitants. **Capitale** : Antananarivo.
- **Les religions**
animistes 50 % ; catholiques 25 % ; protestants 20 %, musulmans 5 %.
- **Les fêtes** **26 juin** : fête nationale.

Le caméléon panthère est l'un des plus grands de l'espèce. Sa couleur peut changer selon son état émotif.

LE PARC NATIONAL DE LA MONTAGNE D'AMBRE

Ce parc tropical humide, qui culmine à 1 475 m, se trouve dans le nord du pays, à 37 km d'Antsiranana. Vous pourrez vous y rendre en avion ou en taxi-brousse. Autre option, vous rendre à **Ambolitea**, ou **Joffre-ville**, et, de là, prendre un taxi. La période idéale pour explorer cette région va de mai à novembre. Les lacs et les cascades apportent une certaine fraîcheur. Il est recommandé de porter des vêtements chauds et d'avoir en poche un répulsif contre les moustiques. Vous rencontrerez, entre autres, des lémuriens couronnés et, avec beaucoup de chance, un aye-aye, petit primate aux oreilles de chauve-souris, endémique. Ce parc recèle des trésors de la faune malgache que vous découvrirez grâce à votre guide naturaliste.

QUE VOIR, QUE FAIRE À MADAGASCAR ?

Île Sainte-Marie

- Observation des baleines à bosse en migration de juin à septembre.

Parc national d'Andasibe-Mantadia

- Une dizaine d'espèces de lémuriens, dont le grand indri indri. Magnifiques papillons.

Tsingy rouges

- Au nord, à 2 heures de Diego Suarez, des formations de pierre latérite au pied de canyons érodés. Un paysage extraordinaire.

Parc national de Masoala

- Dans la baie d'Antongil (nord-est), une faune très riche. Observation des baleines à bosse de juillet à septembre.

Les lémuriens

Sacrés, craints, vénérés, mais aussi mangés selon les traditions de certaines régions, ils ont toujours exercé une certaine fascination sur la terre malgache. Il existerait 105 espèces de lémuriens. Devenus le symbole de Madagascar, ils font l'objet d'un programme de sensibilisation à l'échelle nationale. Depuis la convention de Washington en 1986, la capture de ces primates, quelle qu'en soit la raison, est illicite. Mais les lémuriens sont, pour la plupart, en voie d'extinction.

Les espèces

Comparés à des singes, à des chauves-souris ou aux tarsiers (voir p. 126-127), les lémuriens se distinguent par leur taille, leur faciès, leur pelage ou leur queue. Le grand hapalémur, seulement présent dans les forêts humides de l'est de l'île, se nourrit de bambous toxiques auxquels son système digestif est adapté. C'est l'une des espèces les plus menacées.

L'aye-aye, avec ses yeux perçants et sa tête de belette, est victime d'une croyance ancestrale selon laquelle il porterait malheur. Cet animal singulier, dont le corps est brun et la queue noire, est le plus lent de tous. Grâce à ses longs doigts, il peut explorer les trous profonds des arbres en quête d'insectes. L'indri, ou *babakoto*, le plus gros des espèces de lémuriens, se caractérise par son incroyable cri qui rappelle le chant des baleines. Le maki catta à la silhouette élancée a des faux airs de renard. Sa queue fournie est plus longue que son corps.

De son côté, le vari a des oreilles blanches et le reste du corps noir ou tacheté. L'avahi laineux, généralement au pelage roux, possède un tout petit corps de 30 cm, mais lui aussi est affublé d'une longue queue. Les propithèques s'illustrent par leur bavardage incessant et leur capacité à faire des bonds impressionnants. Quant au microcèbe pygmée, le plus petit de tous, il pèse seulement 90 g. Cette créature étonnante est réputée pour sa grande frénésie.

Les comportements

La plupart des lémuriens vivent dans les forêts, au sein d'un groupe plus ou moins large. Nocturnes ou diurnes, ils se déplacent avec une extrême aisance entre les branches d'arbres. Certains sont capables d'exercer des sauts allant jusqu'à 10 m de haut, alors que d'autres sont moins téméraires. Dans tous les cas, ils sont assez maladroits sur la terre ferme.

Leur survie

Selon l'UICN (Union internationale pour la conservation de la nature) 94 % des espèces de lémuriens sont menacées d'extinction. Leur habitat se réduit comme peau de chagrin. La pauvreté qui règne à Madagascar conduit à l'exploitation forestière illégale. Le braconnage persiste malgré l'interdiction de leur chasse et de la consommation de leur viande. Le caractère endémique de ces primates ajoute à cette menace réelle. Le tourisme peut toutefois contribuer à sensibiliser les institutions à la survie de ces animaux que chacun rêve de voir un jour.

Le maki catta est connu pour sa queue annelée de noir et blanc. Dans le groupe, la femelle domine le mâle.

Malaisie

Péninsulaire et orientale, la Malaisie s'étend de part et d'autre de la mer de Chine méridionale. Vieille dame de plus de 120 millions d'années, la jungle tropicale couvre les 3/5 de son territoire. Des milliers d'espèces d'oiseaux, mammifères, reptiles et insectes foisonnent dans ce monde à part, où la cime des arbres peut percer le ciel à 80 m de hauteur. Le royaume de la sylve s'explore avec patience et sagesse.

QUAND PARTIR ?

	Péninsule	Bornéo
Mars	👁	
Avril	👁	
Mai	👁	
Juin	👁	👁
Juillet	👁	👁
Août	👁	👁
Septembre	👁	
Octobre	👁	

LE PARC NATIONAL DE TAMAN NEGARA

Singes, varans, tapirs, gaurs, cerfs aboyeurs et calaos font partie des espèces que vous croiserez sur les sentiers de ce parc où la densité du feuillage et l'humidité peuvent mettre à l'épreuve les marcheurs les plus chevronnés. Dans la jungle, on se sent vulnérable et confiné dans un monde où le ciel a perdu sa place. L'excitation de rencontrer un éléphant ou plus rarement un rhinocéros tient en haleine, au rythme d'une incroyable symphonie acoustique. L'expérience est mémorable. Votre guide saura vous rassurer et dépister la moindre présence au cœur des arbres majestueux. Seul, vous manquerez la plupart des animaux. Le parc est au cœur de la Malaisie péninsulaire. **Kuala Tembeling** est le point de départ des bateaux qui vous mèneront en 3 heures au village de **Kuala Tahan**, entrée du Taman Negara. Balades

LES CONSEILS GEO

- **Les plus**
Un réel dépaysement dans un milieu naturel unique au monde.
- **Les moins**
L'accès aux parcs est parfois laborieux.
- **Les précautions**
Évitez la zone côtière du nord-est de Sabah. Vérifiez la période du ramadan.

CARNET DE VOYAGE

- **Les premiers contacts** Office de tourisme, 29, rue des Pyramides, 75001 Paris, 01 42 97 41 71, www.malaysia.travel.
- **Les formalités** Ressortissants de l'UE : passeport valable 6 mois après le retour.
- **La santé** Présence de paludisme dans le Sarawak.
- **Les langues, la monnaie** Langue officielle : malais. L'anglais, le tamoul et plusieurs dialectes chinois sont courants. **Monnaie** : ringgit malaisien. 1 € = 4,72 MYR.
- **La population** 31,2 millions d'habitants. **Capitale** : Kuala Lumpur.
- **Les religions** Musulmans 62 % ; bouddhistes 20 % ; hindouistes 6,3 % ; chrétiens 9,2%.
- **Les fêtes** **31 août** : fête nationale.

Les singes nasiques, espèce endémique de Bornéo, vivent uniquement dans les forêts fluviales.

nocturnes, à pied ou en pirogue vous permettront d'appréhender autrement cet endroit somptueux. Pour éviter les pluies, mieux vaut s'y rendre entre mars et octobre.

LE PARC NATIONAL DE BAKO

Bornéo incarne la nature par excellence. Menacée par une déforestation galopante, l'île recèle encore quelques pépites protégées. Situé à l'est, dans le Sarawak, ce parc est l'une d'entre elles. Ce lieu mérite de passer une nuit sur place (juin-oct.). Mangrove, marais, et forêt tropicale humide font partie des nombreux écosystèmes concentrés sur une petite surface de 2 700 ha. Vous y accéderez par la route depuis **Kuching**, puis par bateau depuis le village de **Bako**. La jungle est parcourue d'une quinzaine de sentiers, dont la signalétique établie grâce à des codes couleurs vous indiquera les types de randonnées, plus ou moins longues. Vous obtiendrez une carte à l'entrée du parc. Bako est réputé pour sa population de singes, dont les macaques à longue queue et les singes nasiques. Les mâles, imposants, sont affublés d'un appendice nasal qui leur donne un aspect farceur. En quatre décennies, la déforestation a provoqué la disparition de la moitié de leur population.

QUE VOIR, QUE FAIRE EN MALAISIE ?

Vallée de Danum

- Une magnifique forêt dans le centre de Sabah (Bornéo). Départ avec un guide depuis Lahad Datu (avr.-fin juil.).

Îles Perhentian

- Snorkeling en mer de Chine Méridionale, sur la côte est du nord de la Malaisie.

Centre de Sepilok

- Dans le Sabah, un sanctuaire qui réhabilite les orangs-outans pour leur permettre de revivre à l'état sauvage. Très touristique.

Parc national de Penang

- À la pointe nord-ouest de l'île de Penang (nov.-déc.). Le parc le plus récent du pays.

La femelle s'occupe de sa progéniture pendant environ sept ans.

OÙ LES VOIR ?

En Indonésie
- Sumatra et Kalimantan

En Malaisie
- Bornéo : Sabah et Sarawak

Les orangs-outans

En bahasa, la langue indonésienne et malaise, son nom signifie « l'homme de la forêt ». Ce grand singe fascine à plusieurs titres. Unique en Asie, l'orang-outan dégage une indicible humanité.

Une espèce singulière

Il existe deux espèces distinctes d'orangs-outans : celui de Bornéo, le *Pongo pygmaeus*, en plus grand nombre que celui de Sumatra, le *Pongo abelii*, par ailleurs plus sociable.

L'orang-outan est un animal singulier. Parmi tous les grands singes, il est le seul à posséder un long pelage roux, sauf sur le visage. Comme ses cousins africains, il n'a pas de queue, mais de longs bras et des jambes courtes, et affiche une sérieuse cor-

pulence. Autre particularité : il réside la plupart du temps dans les arbres des forêts humides, à quelque 1 500 m d'altitude. Solitaire et timide, l'orang-outan mâle vit seul la plupart du temps. En période de reproduction, il passe uniquement quelques jours avec la femelle. Chaque nuit, à l'aide de brindilles, feuillages, branches et lianes, ces singes, qui dorment en moyenne 16 heures par jour, construisent leur couche perchée à environ 20 m au-dessus du sol. Opération renouvelée quotidiennement ! La femelle partage son nid avec son petit pendant plusieurs années, alors que le mâle retourne à sa solitude. Il est capable d'émettre des cris stridents, perceptibles à plus d'un kilomètre, en particulier lorsqu'il cherche à s'accoupler.
Considéré comme le plus gros mammifère arboricole, l'orang-outan se nourrit de feuilles, de fleurs, d'écorces, de fruits et d'insectes. Si la femelle pèse jusqu'à 40 kg, le mâle, au ventre bedonnant, peut atteindre les 100 kg. En raison de son poids, ce dernier passe plus de temps au sol que les femelles.

En grand danger

Biscuits, biscottes, barres chocolatées, soupes, pâte à tartiner... Mais quel est le rapport entre ces produits et les orangs-outans ? L'huile de palme qui entre dans leur composition. La conversion des forêts en plantations de palmiers à huile détruit, pour l'essentiel, l'habitat naturel de l'orang-outan. Au cours des 25 dernières années, environ 50 % du nombre des orangs-outans auraient disparu. Selon l'ONG l'Union internationale pour la conservation de la nature, il ne resterait que 60 000 orangs-outans à Bornéo (Malaisie) et 7 000 à Sumatra (Indonésie), les deux seules régions de la planète où vivent ces grands singes à l'état sauvage. En Indonésie, où la

L'orang-outan appartient à la famille des hominidés, les grands singes les plus proches de l'homme.

déforestation est la plus rapide au monde, la fragmentation de l'habitat de cette espèce la menace plus que jamais. Lorsqu'ils ne sont pas tués dans les incendies destinés à éclaircir les forêts ou à pratiquer la culture sur brûlis, ces singes fuient en quête de nouveaux lieux, où ils deviennent plus vulnérables. À la déforestation galopante s'ajoutent le braconnage pour la viande de brousse et le commerce illicite des petits qui deviendront des animaux de compagnie.
Dans un monde idéal, l'orang-outan peut vivre entre 30 et 40 ans. Sa maturité sexuelle débute vers l'âge moyen de huit ans. Sachant qu'une femelle s'occupe de sa seule progéniture pendant environ sept ans et que l'espacement des naissances est d'environ 10 ans, un simple calcul arithmétique permet de comprendre les effets de la conjugaison de tous ces facteurs. En l'absence de mesures de protections urgentes, les orangs-outans à l'état sauvage ne seront plus d'ici 15 ans.

Maldives

Les superlatifs se bousculent pour qualifier ce paradis sous l'eau. Atolls coralliens, cocotiers, eaux cristallines et vie sous-marine exceptionnelle dépassent définitivement le cadre d'une carte postale idyllique. Au cœur de l'océan Indien, 1 190 îles, réunies en 26 atolls, fleurissent sur une longueur de 800 km. La faune marine est éblouissante, dans une eau à 28 °C.

Si vous ne pratiquez pas la plongée avec bouteilles, sachez que les spots de snorkeling, qui demandent moins de préparation et d'équipement, sont nombreux et fabuleux, car la visibilité est quasi parfaite. Ils se situent généralement sur des petits atolls cernés d'un récif de corail. Il vous suffira de quitter la plage et, en peu de temps, vous aurez l'impression d'évoluer dans un aquarium.

LES RAIES MANTAS

Cette géante majestueuse, dont l'envergure peut atteindre 7 m, semble caresser les eaux limpides et s'adonner à une chorégraphie voluptueuse. En fait, la raie manta cherche les coraux colonisés par les poissons labres qui vont la débarrasser de ses parasites. L'opération demande plusieurs heures. Aussi aurez-vous le temps d'observer ses nageoires pectorales et sa face ventrale incroyablement blanche. Pour éviter qu'elle ne fuie, surtout ne tentez de nager au-devant d'elle. Inoffensive, la manta n'en est pas moins impressionnante, et la rencontrer est un moment inoubliable. Elle passe l'année au rythme de la migration du plancton, dont elle se nourrit. **Manta Point**, dans l'atoll d'**Ari**, est sans doute l'endroit le plus réputé pour rencontrer ces créatures. Sinon rendez-vous dans les atolls de **Malé Nord**, **Malé Sud** et de **Vaavu**.

QUAND PARTIR ?

	Plongée	Snorkeling
Janvier	🤿	👁
Février	🤿	👁
Mars	🤿	👁
Avril	🤿	👁
Mai	🤿	👁
Décembre	🤿	👁

LES CONSEILS GEO

• Les plus
Des paysages tropicaux splendides. Depuis 1998, ouverture de nouveaux atolls encore sauvages.

• Les moins
Tourisme de masse.
Problème de gestion des déchets.

• Les précautions
République islamique.
Aussi naturisme et monokini sont-ils interdits, tout comme la consommation d'alcool hors des hôtels.

CARNET DE VOYAGE

• Les premiers contacts
Office du tourisme, www.visitmaldives.com.

• Les formalités
Ressortissants de l'UE : passeport valable 6 mois après le retour. Un visa est délivré à l'arrivée. L'importation d'alcool est interdite.

• La santé Certificat médical récent pour les plongeurs.

• Les langues, la monnaie Langue officielle : divehi, langue indo-aryenne. L'anglais est couramment parlé. **Monnaie** : rufiyaa. 1 € = 16,89 MVR.

• La population
409 200 habitants.
Capitale : Malé.

• Les religions
Musulmans sunnites.

• Les fêtes **26 juillet** : fête nationale.

MALDIVES

Les Maldives sont aussi une destination idéale pour faire du snorkeling.

QUE VOIR, QUE FAIRE AUX MALDIVES ?

Croisière

- Une semaine sur un *dhoni* (bateau traditionnel).

Snorkeling

- Les petites îles, comme Ihuru, Angsana, Biyadhoo, Maafushi et la sublime île de Gan sont idéales.

Requins

- Les requins-baleines fréquentent surtout les atolls de Meemu, Faafu et de Baa.

LES REQUINS

Imaginez une gueule plate de 2 m de large, munie de quelque 3 000 petites dents… Vous êtes face au requin-baleine, le plus grand poisson du monde qui mesure, en moyenne, 15 m de long. Ce colosse des mers abonde dans les eaux maldiviennes, notamment au sud. Placide et curieux, il évolue à une faible vitesse. Vous aurez toutes les chances de l'observer. Pour admirer des bancs de requins-marteaux, vous devrez descendre à au moins 20 m de profondeur. Les fonds marins des Maldives sont peuplés de plusieurs types de requins : à pointes noires, à pointes blanches, dormeurs… La plupart sont farouches et désormais vulnérables. La pêche abusive et la quête de leurs ailerons placent nombre d'entre eux sur la liste des espèces en danger.

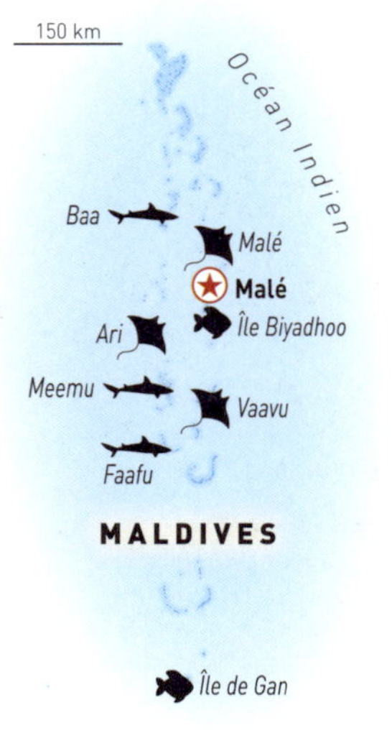

Pages suivantes : appelée le diable des mers, la raie manta possède deux sortes de cornes autour de la bouche.

Mexique

Quelques États séparent les millions de papillons du Michoacán des milliers de flamants roses du Yucatán et des centaines de baleines grises de la Basse-Californie. Immense territoire, le Mexique abrite une nature prodigieuse, refuge d'une incroyable variété d'espèces, dont les tarentules et les crotales que vous éviterez.

LA RÉSERVE DE RÍA CELESTÚN

Cet estuaire long de 20 km est un refuge que les oiseaux aquatiques affectionnent, en particulier, les flamants roses, rois de Celestún. Cette région peu fréquentée du **Yucatán** accueille la plus grande colonie de ces oiseaux majestueux en Amérique du Nord. À leurs côtés vivent des pélicans et des hérons. De petites embarcations (6 personnes maximum) permettent de les approcher avec toutes les précautions requises. En milieu de matinée jusqu'au début de l'après-midi, la marée est propice à la navigation. La réserve se trouve à 92 km de **Mérida**. Les flamants sont surtout nombreux de novembre à mars.

LE SANCTUAIRE DE LA SIERRA CHINCUA

Il est des créatures dont le comportement reste un grand mystère. C'est le cas des monarques. On ignore toujours pourquoi, chaque année d'octobre à mars, ces papillons se déplacent par millions pour se reproduire dans les hauteurs forestières de l'État du **Michoacán**, à environ 3 000 m d'altitude. Durant le vol nuptial, le battement de leurs ailes d'un orange vif, bordées de noir, est un spectacle vertigineux. La marche (1 heure) pour atteindre les points d'observation est assez difficile. On accède à la **Sierra Chincua** depuis la petite ville d'**Angangueo**.

QUAND PARTIR ?

	Oiseaux	Baleines	Papillons
Janvier	👁	👁	👁
Février	👁	👁	👁
Mars	👁	👁	👁
Avril		👁	
Octobre			👁
Novembre	👁		👁
Décembre	👁	👁	👁

LES CONSEILS GEO

- **Les plus**
L'immense richesse du patrimoine naturel.
- **Les moins**
Les très grandes distances.
- **Les précautions**
Vérifiez les périodes de tempêtes tropicales avant de partir.

CARNET DE VOYAGE

- **Les premiers contacts** Conseil de promotion du tourisme, 4, rue Notre-Dame- des-Victoires, 75002 Paris, 01 42 86 96 12, www.visitmexico.com.
- **Les formalités** Ressortissants de l'UE : passeport valable encore 6 mois après le retour.
- **La santé** Présence de paludisme, en particulier dans l'État du Chiapas, et de Zika dans certaines régions.
- **Les langues, la monnaie** Langue officielle : espagnol. Anglais courant. **Monnaie** : peso mexicain. 1 € = 20 MXN.
- **La population** 127,540 millions d'habitants. Les métis constituent l'essentiel de la population. **Capitale** : Mexico.
- **Les religions** La population est majoritairement catholique.
- **Les fêtes** **20 novembre** : jour de la Révolution.

Les monarques migrent des grands lacs canadiens jusqu'au Mexique.

LA RÉSERVE DE BIOSPHÈRE D'EL VIZCAÍNO

Située à l'ouest de la **Basse-Californie**, cette réserve d'une grande beauté est un sanctuaire de reproduction des baleines grises. Il est possible de prendre part à une excursion pour les observer, entre décembre et avril, période de reproduction. Les règles sont strictes afin de ne pas perturber ces cétacés qui logent sur **Ojo de Liebre** et **San Ignacio**.

QUE VOIR, QUE FAIRE AU MEXIQUE ?

Basse-Californie

- Des milliers de raies mantas volantes dans le golfe de Californie.

Ría Lagartos

- L'immense concentration de flamants roses.

Réserve de biosphère de Montes Azules

- Les aras dans le centre écotouristique Las Guacamayas (Chiapas).

Namibie

Imaginez un océan de sable, bordé par l'Atlantique, où les dunes orangées du Kalahari font écho à celles, rouges, du désert du Namib. Ces étendues où s'incrustent de verts pâturages sont le berceau d'une faune sauvage qui a su s'adapter à la rudesse du climat. Ancienne colonie allemande, la Namibie ne peut se comparer aux autres terres d'Afrique australe.

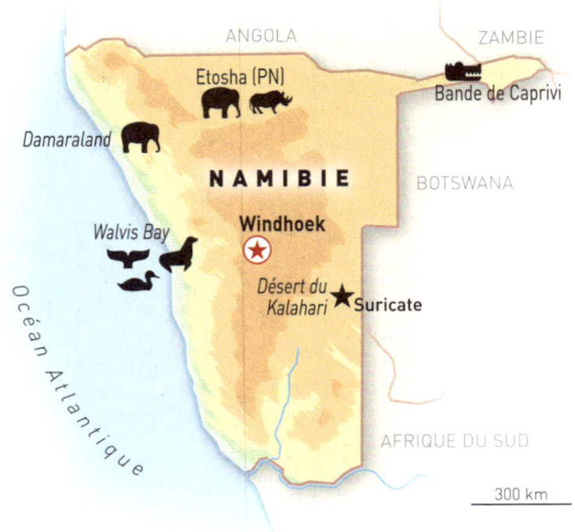

QUAND PARTIR ?

	Côtes	Réserves
Janvier	👁	
Février	👁	
Mars	👁	
Avril		👁
Mai		👁
Juin		👁
Juillet		👁
Août		👁
Septembre		👁
Octobre		👁
Novembre	👁	

LES CONSEILS GEO

• Les plus

Un grand choix d'hébergements de toutes catégories.

• Les moins

La chaleur peut être accablante et les nuits très froides.

• Les précautions

Accidents de la route fréquents. Ne franchissez pas les barbelés qui parfois marquent discrètement la frontière avec l'Angola.

LE PARC NATIONAL D'ETOSHA

Sur 350 km d'est en ouest, vous pourrez parcourir, à votre convenance, ce somptueux parc, occupé en son centre par un gigantesque « pan », une cuvette asséchée recouverte de sel. Tout autour, vous verrez aisément les animaux, dont le rhinocéros noir, qui évolue au milieu de grandes étendues herbeuses, rocailleuses ou couvertes de forêts de feuillus et de mopanes. Ne manquez pas la forêt fantôme de moringas, arbres cousins du baobab particulièrement appréciés des éléphants.

LE KALAHARI

Très peu de Bochimans, chasseurs nomades, vivent encore de façon traditionnelle dans cet espace fabuleux. Excellents guides pour voir les animaux, ils donnent l'impression de savoir « lire » le désert. N'hésitez pas à recourir à leurs services auprès des lodges. La région de **Mariental** dominée par des dunes d'un rouge intense est la plus fréquentée. Grâce aux pluies régulières, le centre de ce semi-désert est couvert d'une belle savane, où vous observerez, entre autres, des girafes, des guépards et des suricates.

Les suricates vivent toujours en groupe et uniquement dans les zones désertiques de l'Afrique australe.

LE DAMARALAND

Ni parc ni réserve, le Damaraland est le refuge d'une faune sauvage qui se plaît dans une nature intacte à la fois austère et sublime. Ici, les éléphants ont appris à se passer d'eau pendant plusieurs jours. Si vous êtes en quête d'aventure, vous serez saisi par la grande beauté de cette zone. Ne manquez pas la forêt pétrifiée, âgée de plusieurs millions d'années.

CARNET DE VOYAGE

- **Les premiers contacts** Office du tourisme : www.namibiatourism.com.na.
- **Les formalités** Ressortissants de l'UE : passeport valable 6 mois après le retour.
- **La santé** Présence de paludisme de novembre à juin dans le Nord et de dengue toute l'année.
- **Les langues, la monnaie** Langue officielle : anglais. Autres langues : oshivambo, afrikaans et allemand sont les plus courantes. **Monnaie** : dollar namibien. 1 € = 16 NAD.
- **La population** 2,460 millions d'habitants. **Capitale** : Windhoek.

Les religions Chrétiens 85 % (dont environ 50% de luthériens) ; animistes 15 %.

- **Les fêtes** **21 mars** : jour de la Révolution.

QUE VOIR, QUE FAIRE EN NAMIBIE ?

Bande de Caprivi

- Ce couloir de 450 km, qui relie la Namibie à quatre autres pays, est le seul endroit de Namibie où voir des hippopotames et des crocodiles du Nil.

Fish River Canyon

- Une faille grandiose, ponctuée de bassins où s'abreuvent les animaux.

Walvis Bay

- La baie des baleines accueille des dizaines de milliers d'oiseaux : cormorans du Cap, pluviers argentés, pélicans et flamants. Et une colonie de milliers d'otaries.

Pages suivantes : de nombreux animaux cohabitent dans le parc national d'Etosha.

Népal

Pour le voyageur, le Népal évoque surtout les sommets somptueux de l'Himalaya. Cependant moins connue, la région du Teraï, au sud du pays, abrite le superbe parc national de Chitwan. Ses 93 000 ha de terres tropicales et subtropicales sont le meilleur endroit de toute l'Asie pour observer la faune sauvage. Toutes sortes de safaris permettent de rencontrer des rhinocéros, éléphants, crocodiles et oiseaux remarquables. Autre habitant exceptionnel du parc, le tigre du Bengale fait, lui, preuve d'une plus grande timidité.

LE PARC NATIONAL DE CHITWAN

Prolongement de la plaine du Gange, le Teraï (« cœur de la jungle ») se niche entre la frontière indienne et l'Himalaya. Listé au patrimoine mondial de l'Unesco, ce parc englobe des forêts, des prairies, des lacs et des marécages. Il est aussi traversé par les rivières Narayani et Rapti.

Emblématique du parc, le rhinocéros unicorne affectionne les plaines et les marais. La survie de cet animal protégé est constamment mise en danger par le braconnage. Si sa vue est passable, en revanche, il jouit d'un très bon odorat et d'une excellente ouïe. Sa peau brune très épaisse est marquée par des plis énormes. Lors d'un safari à pied, si vous vous trouvez face à l'un de ces mastodontes de deux tonnes, la seule échappée consiste à courir en zigzaguant. Mais votre guide ne vous laissera prendre aucun risque. Les éléphants, les léopards ou les ours lippus sont plus difficiles à apercevoir. Quelque 67 espèces de papillons sont répertoriées dans le parc. Même si vous n'avez jamais imaginé que ces créatures puissent vous intéresser, vous serez conquis par leur beauté délicate. Un vrai moment de poésie. Vous aurez aussi toutes les chances d'observer des macaques rhésus, des loutres, des crocodiles et peut-être des pythons…

Les mahouts (ou cornacs) prennent soin de leurs éléphants. Mais, malheureusement, les pachydermes servent toujours de montures aux touristes.

QUE VOIR, QUE FAIRE AU NÉPAL ?

Centre d'observation des oiseaux

- Bird Education Society est gérée par des bénévoles locaux qui proposent gratuitement des visites guidées tous les samedis de 7 h à 11 h.

Réserve de Koshi Tappu

- Près de Katmandou, un paradis pour observer les oiseaux.

Elephant Breeding Center

- Pour voir les éléphanteaux, rendez-vous dans ce lieu avant 10 h et après 16 h. Situé à 3 km du village de Sauraha, près de Chitwan.

Le parc est l'un des rares habitats du tigre du Bengale, particulièrement menacé, lui aussi, par le braconnage. Mais ne vous laissez pas influencer par les organisateurs de safaris. Il est extrêmement rare de le rencontrer. Janvier et février sont les meilleurs moments pour se rendre à Chitwan, car les hautes herbes du parc sont coupées. Accordez-vous un minimum de trois jours pour l'explorer, en alternant les safaris.

EN JEEP

C'est là un bon moyen d'explorer la jungle. Avec beaucoup de patience, le chauffeur et le guide expérimenté, qui vous accompagne toujours, s'arrêtent dès qu'il est possible d'observer un animal. Ils connaissent les animaux et sont capables de les dépister à leurs traces ou excréments. Accordez-vous au moins une journée pour faire un safari en jeep.

EN BATEAU

Le périple en bateau sur la **rivière Rapti** permet d'approcher de près les crocodiles. Montée d'adrénaline garantie… C'est également une excellente façon d'observer les oiseaux, dont quelque 550 espèces sont dénombrées dans le parc. Baza huppard, coucou à collier et faucon laggar en font partie. Chitwan est un lieu important d'hivernage des oiseaux.

QUAND PARTIR ?

	Chitwan	Est
Janvier	👁	
Février	👁	
Mars	👁	👁
Avril	👁	👁
Mai		👁
Juin		👁
Juillet		👁
Septembre	👁	
Octobre	👁	

CARNET DE VOYAGE

- **Les premiers contacts** Consulat : 45, bis rue des Acacias, 75017 Paris, 01 46 22 48 67, www.welcomenepal.com.
- **Les formalités** Ressortissants de l'UE : passeport valable six mois après le retour. Le visa obligatoire s'obtient au consulat ou à l'arrivée à Katmandou.
- **La santé** Présence du paludisme dans la région du Teraï et le long de la frontière indienne.
- **Les langues, la monnaie** Langue officielle : népali. L'anglais est parlé dans les villes et régions touristiques. **Monnaie** : roupie népalaise. 1 € = 118 NPR.
- **La population** 29 millions d'habitants. **Capitale** : Katmandou.
- **Les religions** Hindouistes 81 % ; bouddhistes 11 % ; musulmans 4 % ; autres 4 %.
- **Les fêtes** **20 septembre** : fête de la République.

Timide, solitaire et nocturne, le tigre du Bengale a besoin d'un grand territoire pour chasser. Il est en voie de disparition.

À PIED

Les guides de l'United Jungle Guide Service sont extrêmement professionnels. Bien sûr, la randonnée comporte toujours quelques risques, notamment lors d'un face-à-face avec une femelle rhinocéros entourée de sa progéniture. Mais les rangers savent parfaitement ce qu'ils font lorsqu'ils vous mènent dans la jungle. Faites-leur confiance et n'imaginez pas vous aventurer dans le parc sans guide.

PARC NATIONAL DE BARDIA

Les agences de voyages vous diront qu'il est possible de rencontrer l'un des 23 tigres du Bengale qui vivent dans ce parc. Néanmoins, sachez que vos chances seront très faibles. Ces animaux remarquables sont très discrets.

LES CONSEILS GEO

Les plus

Une douceur de vivre et des contacts privilégiés avec les Népalais. L'accès à Chitwan est très abordable.

Les moins

Le Teraï est de plus en plus fréquenté.

Les précautions

Il est fortement conseillé de boire uniquement de l'eau en bouteille. Renseignez-vous sur la situation politique avant votre voyage.

Norvège

C'est un privilège de se trouver face à un bœuf musqué, à un renne sauvage ou à un renard arctique dans le décor somptueux de la Norvège. Son littoral attirera les ornithologues. Sur cette terre souvent méconnue, fjords, montagnes et plateaux habillés de bruyère sont un gage de sérénité et d'harmonie avec la nature.

L'ARCHIPEL DE VEGA

Au large de la côte, juste au sud du **cercle arctique**, cet archipel compte des milliers d'îles, d'îlots et de récifs. Outre sa beauté, il est surtout connu pour une tradition ancestrale : la collecte du duvet des eiders sauvages. Chaque année, des milliers de couples de canards prennent leurs quartiers dans ces îles, en particulier celle de Vega, pour nidifier. Partout, vous pourrez voir des nichoirs installés par les habitants pour accueillir les oiseaux et protéger les couvées. À l'aide de son bec, la femelle eider prélève le duvet de sa poitrine pour garnir son nid. Une fois les oisillons sortis de ce doux cocon, le duvet est collecté et soigneusement traité pour la confection d'édredons. Le Gulf Stream, qui berce les eaux de l'archipel, favorise également la présence de phoques.

QUAND PARTIR ?

	Vega	Centre-Nord
Mai		👁
Juin	👁	👁
Juillet	👁	👁
Août	👁	👁
Septembre	👁	👁

LE PARC NATIONAL DE DOVREFJELL

Le royaume du bœuf musqué est au Centre-Nord du pays. C'est l'un des rares endroits au monde où l'on peut observer ces mastodontes trapus et courts sur pattes. Leur manteau impressionnant leur permet de supporter des températures allant jusqu'à -40 °C. Lorsque le climat devient plus clément, vous verrez certainement leur laine épaisse dispersée au gré des buissons. Ne vous fiez pas à leur aspect balourd… ils sont capables de courir à près de 60 km/h. Rendez-vous à l'office du tourisme de Dombås pour engager un guide, indispensable à une excursion passionnante dans le parc.

LES CONSEILS GEO

• Les plus

Une nature intacte.
Tourisme durable.
Bon réseau ferroviaire.

• Les moins

Destination onéreuse.

• Les précautions

Dans le Nord, attention aux rennes et aux élans si vous circulez en voiture.

Le lynx possède de longues moustaches et des oreilles pointues.

LE PARC NATIONAL DE RONDANE

Le plus ancien parc norvégien (Centre-Nord) a été conçu pour protéger les rennes sauvages, qu'il est encore possible de rencontrer. Ces cervidés que vous verrez partout dans le pays sont presque toujours domestiqués. Dans de magnifiques paysages, composés d'immenses plateaux et de hautes montagnes, vous pourrez aussi observer cerfs, élans, gloutons et, plus rarement, lynx et ours.

CARNET DE VOYAGE

- **Les premiers contacts** Office du tourisme : 01 53 23 00 50, www.visitnorway.com.
- **Les formalités** Ressortissants de l'UE : carte nationale d'identité ou passeport.
- **Les langues, la monnaie** Langue officielle : norvégien (bokmål et nynorsk sont 2 variantes du norvégien). **Monnaie** : couronne norvégienne. 1 € = 9,50 NOK.
- **La population** 5,268 millions d'habitants. **Capitale** : Oslo.

Les religions Chrétiens 85 % (dont environ 50 % de luthériens), animistes 15 %.

- **Les fêtes** **17 mai** : fête nationale.

QUE VOIR, QUE FAIRE EN NORVÈGE ?

Île de Vega

- Rendez-vous au passionnant musée de l'Eider à Nes.

Îles Vesterålen

- Observation des baleines au large des îles. Sorties en bateau dans des paysages grandioses.

Tromsø

- La magie des aurores boréales de fin septembre à fin mars.

Îles Lofoten

- Les aigles de mer et le soleil de minuit.

Ouganda

Partir en Ouganda est une aventure. Vous aurez l'impression de marcher sur les traces des grands explorateurs en quête des sources du Nil. La forêt impénétrable de Bwindi est, en outre, le seul endroit au monde où cohabitent gorilles de montagne et chimpanzés. Victimes de braconnage et de la déforestation, 60% des grands primates sont en danger d'extinction.

QUAND PARTIR ?

	Saison sèche	Saison des pluies
Janvier	👁	
Février	👁	
Mars		👁
Avril		👁
Mai		👁
Juin	👁	
Juillet	👁	
Août	👁	
Septembre		👁
Octobre		👁
Novembre		👁
Décembre	👁	

LES CONSEILS GEO

- **Les plus**
Un tourisme confidentiel.
Une nature sauvage et protégée.

- **Les moins**
Routes en très mauvais état.

- **Les précautions**
Franchir la frontière avec la République démocratique du Congo est fortement déconseillé.

OUGANDA

LE PARC NATIONAL DE KIBALE

Montagnes, jungle et plaines se succèdent dans cette zone forestière protégée, qui se trouve à quelque 320 km de Kampala, la capitale. Au milieu de ces paysages spectaculaires, il est possible d'approcher des chimpanzés. La densité de la population de primates, qui compte plusieurs espèces (colobes, singes bleus…), est la plus élevée au monde. Du lever du soleil au crépuscule, vous pourrez passer la journée à les observer dans leur milieu naturel. Le parc est aussi l'habitat de gorilles, d'éléphants, d'hippopotames et de plus de 350 espèces d'oiseaux. Des randonnées pédestres sont organisées de jour comme de nuit.

LA FORÊT IMPÉNÉTRABLE DE BWINDI

Situé dans le sud-ouest du pays, le parc national de la forêt impénétrable de Bwindi (32 000 ha) fait partie des plus grands sites d'Afrique de l'Est. La forêt, l'un des écosystèmes les plus riches et les plus anciens en matière de biodiversité de la planète, constitue un refuge pour de nombreuses espèces, dont les derniers gorilles de montagne. Accompagné de rangers expérimentés, vous pourrez les approcher. C'est une expérience

CARNET DE VOYAGE

- **Les premiers contacts** Office du tourisme, www.visituganda.com.
- **Les formalités** Tous les voyageurs doivent être munis d'un visa à demander en ligne (visas.immigration.go.ug) et d'un passeport valable 6 mois après la date de retour.
- **La santé** Présence de paludisme toute l'année. Il est recommandé de vérifier les conditions sanitaires du pays avant le départ.
- **Les langues, la monnaie** Langue officielle : anglais. Autres langues : luganda et swahili. **Monnaie** : shilling ougandais. 1 € = 4 022 UGX.
- **La population** 41,49 millions d'habitants. **Capitale** : Kampala.
- **Les religions** Catholiques 41,9 % ; protestants 42 % ; musulmans 12 %.
- **Les fêtes** **9 octobre** : fête nationale.

Les chimpanzés font partie des grands singes, tout comme les gorilles, les bonobos et les orangs-outans.

unique et particulièrement émouvante. Il est impératif de s'inscrire bien à l'avance auprès de l'**Ouganda Wildlife Authority**. Les permis sont délivrés au compte-gouttes.

LE PARC NATIONAL QUEEN ELIZABETH

Écosystème très riche, ce parc est somptueux. Entre marais et forêt humide, les éléphants parcourent la savane semée d'acacias et d'euphorbes. Aigrettes, grues couronnées et aigles pêcheurs évoluent dans les airs, alors que crocodiles et hippopotames se partagent les eaux du lac. Ici, des lions sont en quête d'espaces ombragés et là, des buffles se figent dans une immobilité presque menaçante.

QUE VOIR, QUE FAIRE EN OUGANDA ?

Ishasha

- Sud du parc national Queen Elizabeth. Des lions arboricoles, peut-être, des singes colobes, certainement.

Parc national des chutes de Murchison

- Seul parc ougandais où l'on peut voir les Big Five.

Canal de Kazinga

- L'endroit idéal pour observer les chimpanzés dans le parc national Queen Elizabeth.

Lac Mburo

- Un petit parc à explorer à pied, à cheval ou en bateau.

Forêt de Maragambo

- Des grottes peuplées de chauves-souris et de pythons.

Pérou

Royaume des lamas, du condor majestueux et berceau de l'Empire inca, le Pérou recèle des trésors inestimables. Au cœur des jungles et forêts de l'Amazonie, puissante et mystérieuse, la biodiversité offre d'infinies possibilités. L'écotourisme prend actuellement son essor afin de la préserver.

QUAND PARTIR ?

	Amazonie	Andes
Juin	👁	👁
Juillet	👁	👁
Août	👁	👁
Septembre	👁	
Octobre	👁	
Novembre	👁	

LA RÉSERVE NATIONALE DE PACAYA-SAMIRIA

Située en **Amazonie**, la plus grande réserve péruvienne affiche une température moyenne de 34 °C, toute l'année. Envisagez un minimum de cinq jours pour profiter de cet environnement exceptionnel où vivent, entre autres, le dauphin rose d'eau douce, le paiche (le plus grand poisson du monde), des tortues et diverses espèces de singes. Vous serez tenu de faire appel à un guide local, ce qui est de toute façon un vrai plus car il sait imiter le cri des animaux à merveille. La réserve est accessible uniquement par voie fluviale.

LES CONSEILS GEO

• Les plus

Une immense diversité de paysages. Les prix sont peu élevés.

• Les moins

L'altitude peut être un handicap.

• Les précautions

Mieux vaut ne pas s'aventurer seul dans la jungle. N'est pas Indiana Jones qui veut...

LE PARC NATIONAL DE MANÚ

Quelque 850 espèces d'oiseaux, dont des aras et des toucans, vivent dans ce parc national qui couvre 1,5 million d'hectares. Situé à la jonction des Andes tropicales et du bassin amazonien, ce parc est également l'habitat de loutres géantes, de caïmans, de primates, de pumas et de jaguars... Les amateurs d'insectes étranges et de papillons multicolores évoluant au cœur de la jungle seront aux anges. Il n'est pas aisé d'y accéder. Seule une agence sérieuse sera à même de vous y conduire.

Des lions de mer jouant dans la réserve nationale de Paracas.

LA RÉSERVE NATURELLE DE TAMBOPATA

Elle se mérite ! Pour l'atteindre, comptez 12 heures de bateau sur le fleuve Tambopata, depuis **Puerto Maldonado**. L'idéal est d'avoir recours à l'un des lodges situés le long des rives pour organiser un périple de plusieurs jours au cœur de la forêt primaire. Vous serez émerveillé par les aras au plumage bleu et or, ou rouge et vert ainsi que par les singes hurleurs et les tapirs.

CARNET DE VOYAGE

- **Les premiers contacts**
Office du tourisme : 01 53 70 42 00, www.amb-perou.fr, www.peru.info.
- **Les formalités**
Ressortissants de l'UE : passeport valable 6 mois après la date de retour.
- **Les langues, la monnaie** Langues officielles : aymara, espagnol et quechua.
Monnaie : nuevo sol.
1 € = 3,90 PEN.
- **La population**
31,8 millions d'habitants.
Capitale : Lima.
- **Les religions**
Catholiques 85 % ; évangéliques 15 %.
- **Les fêtes** **28 juillet** : fête nationale.

QUE VOIR, QUE FAIRE AU PÉROU ?

Lac Sandoval
- Faire du kayak sur ce lac, à 30 minutes en pirogue depuis Puerto Maldonado.

Réserve nationale de Paracas
- Découvrir les flamants roses, lions de mer et pingouins.

Train à 4 835 m d'altitude
- La ligne Lima-Huancayo est mythique. Le train n'opère que 2 ou 3 week-ends par mois.

Canyon de Colca
- Le mirador de Tapay, pour admirer le vol du condor au petit matin.

Machu Picchu
- Les lamas sont les seigneurs de la citadelle inca.

Pages suivantes : les lamas sont les seigneurs de la citadelle inca du Machu Picchu.

Philippines

Cet archipel de 7 107 îles fait partie de ces contrées où l'on ne pense pas s'aventurer. Il se situe entre la Chine et l'Indonésie, au nord-est de Bornéo. Ancienne colonie espagnole, ce pays est à dominante catholique. Une singularité dans le Sud-Est asiatique. Les férus de plongée courtisent cette région où les fonds marins sont d'une beauté spectaculaire.

QUAND PARTIR ?

	Saison sèche	Bohol
Janvier	🤿	👁
Février	🤿	👁
Mars	🤿	👁
Avril	🤿	👁
Mai	🤿	👁
Juin	🤿	
Juillet	🤿	
Août	🤿	👁
Septembre		👁

LES CONSEILS GEO

• Les plus

Des fonds marins uniques au monde.

• Les moins

Le budget nécessaire pour les vols intérieurs.

• Les précautions

Soyez attentif aux consignes de sécurité données par les autorités locales. Vérifiez avant le départ. Assurez-vous d'être en bonne condition physique pour la plongée ou le snorkeling.

LE RÉCIF DE TUBBATAHA

La plongée est la seule raison de se rendre dans ce lieu magique. En plein cœur de la **mer de Sulu**, le récif de Tubbataha compte deux îlots réunis par un chenal de 8 km. Requins, tortues franches (la plus rapide qui soit) et des centaines d'espèces de poissons habitent les fonds autour ce récif où les tombants sont remarquables. La température de l'eau est à 27 °C et la visibilité de 15 à 20 m. Cet endroit est accessible uniquement par bateau de plongée entre mi-mars et mi-juin. Il est surveillé en permanence par des garde-côtes qui inspectent les bateaux à leur arrivée. Ceux-ci doivent posséder une autorisation. Chaque année, seuls 400 plongeurs peuvent se rendre à Tubbataha.

L'ÎLE DE NEGROS

Un paradis dans la région centrale des îles Visayas. Des excursions de plongée et de snorkeling vous mèneront vers l'**île d'Apo** (zone protégée), réputée pour sa faune marine exceptionnelle et ses tombants couverts de coraux. Les instructeurs et les plongeurs professionnels sont les meilleurs guides pour vous aider à sélectionner les lieux qui vous intéressent. Il ne faut pas aller bien loin pour vivre des moments idylliques dans ces eaux tropicales.

CARNET DE VOYAGE

• Les premiers contacts Office du tourisme : 3, rue du Faubourg-Saint-Honoré, 75008 Paris, 01 42 65 02 34, www.wowphilippines.com.ph

• Les formalités Ressortissants de l'UE : passeport valable 6 mois après la date de retour.

• La santé Présence de paludisme.

• Les langues, la monnaie Langue officielle : tagalog ou filipino. Langues courantes : cebuano, ilocano. **Monnaie** : peso philippin. 1 € = 52,87 PHP.

• La population 103,320 millions d'habitants. **Capitale** : Manille.

• Les religions Catholiques 84 % ; musulmans 7 % ; protestants évangéliques 4 % ; bouddhistes 1,5 %.

• Les fêtes **12 juin** : fête nationale.

Classé au patrimoine mondial, Tubbataha abrite une biodiversité unique au monde. Nombre d'espèces sont en voie d'extinction.

Depuis Manille, on peut se rendre à **Dumaguete**, ville sur la côte orientale de Negros. Cette partie est à privilégier pour le snorkeling, tout comme l'**île de Siquijor**, à l'est de Negros, moins fréquentée.

L'ÎLE DE BOHOL

Dans la zone des **Visayas**, cette île est l'un des très rares habitats des tarsiers (voir p. 126-127). Cet animal nocturne est difficile à observer. Évitez tous les endroits où ils sont enfermés dans une cage. Préférez le sanctuaire des tarsiers, qui les protège. Pour les approcher, les règles sont strictes (et la rencontre n'est en aucun cas garantie). Les tarsiers sont très vite stressés. Ici, le silence est d'or.

QUE VOIR, QUE FAIRE AUX PHILIPPINES ?

Palawan

- Superbes spots de plongée. Le parc national de Puerto Princesa, avec sa rivière sous-marine, est listé au patrimoine mondial.

Masaplod

- Réserve marine sur la côte orientale de l'île de Negros. Plongée dérivante. Laissez-vous porter par le courant.

Pologne

Autrefois terre de chasse des tsars russes et des rois polonais, la forêt de Białowieża est à cheval sur la Pologne et la Biélorussie, à 250 km de Varsovie. Dernière forêt primitive européenne, elle occupe environ 130 000 ha. Du côté polonais, cet espace exceptionnel constitue un parc national de 5 000 ha. Il est réputé pour sa population de bisons, les derniers à vivre en Europe dans un environnement naturel.

QUAND PARTIR ?

	Saison idéale	Activités hivernales
Mars		●
Avril		●
Mai	●	
Juin	●	
Juillet	●	
Août	●	
Septembre	●	
Octobre	●	●
Novembre		●

LES CONSEILS GEO

• Les plus

Facile d'accès.
La qualité des guides.

• Les moins

Températures très basses en hiver.

• Les précautions

Munissez-vous de vêtements de couleur neutre pour vous fondre dans la forêt.

LE PARC NATIONAL DE BIAŁOWIEŻA

Avec leurs cimes pouvant atteindre 45 m, chênes, épicéas, frênes ou érables semblent veiller sur la sérénité de cette terre où vit le bison d'Europe, le plus grand mammifère du continent. Son habitat forestier le distingue de son cousin américain qui, lui, vit dans des plaines.

Emblème du parc, le bison polonais frôla l'extinction à la fin de la Première Guerre mondiale. Les derniers 150 individus en liberté furent peu à peu abattus pour leur viande. En 1923, à l'initiative d'un scientifique polonais, une association internationale de protection du bison vit le jour. Son but était de réintroduire cet animal, issu de parcs zoologiques ou de centres d'élevage, dans son milieu naturel. Les premiers furent relâchés dans la forêt dans les années 1950. Aujourd'hui, la population compte 380 individus en liberté. Dans l'éventualité d'une disparition des bisons à l'état sauvage, une trentaine sont gardés sous surveillance dans un élevage.

Un projet vise à étendre leur nombre au-delà de la forêt de Białowieża. Vous aurez peut-être la chance de les apercevoir. Ils vivent en horde l'hiver et en petits groupes l'été. Les mâles, puissants, peuvent manger jusqu'à 60 kg de végétaux par jour et peser une tonne.

La remarquable biodiversité de Białowieża, dont les bisons font partie, lui vaut d'être classée sur la liste du patrimoine mondial de l'Unesco.

Dans cette forêt enchantée, vous observerez également des cerfs, loups, castors, sangliers, blaireaux, élans ainsi que de nombreuses espèces d'oiseaux, de reptiles et de papillons. Préférez l'été pour visiter le parc, car, en hiver, les températures peuvent chuter jusqu'à -35 °C. La visite de la forêt (3 heures) n'est possible qu'avec un guide et uniquement en petits groupes.

CARNET DE VOYAGE

- **Les premiers contacts** Office du tourisme : 10 ,rue Saint-Augustin, 75002 Paris, 01 42 44 19 00, www.pologne.travel.
- **Les formalités** Ressortissants de l'UE : carte d'identité ou passeport.
- **Les langues, la monnaie** Langue officielle : polonais. **Monnaie** : złoty. 1 € = 4,2 PLN.
- **La population** 37,9 millions d'habitants. **Capitale** : Varsovie.
- **Les religions** Catholiques en majorité.
- **Les fêtes** **11 novembre** : fête nationale.

QUE VOIR, QUE FAIRE EN POLOGNE ?

Balades à vélo

- Possibles hors de la partie protégée de la forêt. Location de vélos sur place.

En traîneau

- Pour les moins frileux, des balades en traîneau sont organisées l'hiver.

Musée d'Histoire naturelle

- Il permet de mieux comprendre la biodiversité et l'histoire du parc.

En famille

- Des visites pédagogiques dans la partie protégée de la forêt sont proposées aux familles.

Roumanie

Mal connue, la Roumanie est une destination nature par excellence. Un immense terrain de jeux pour les randonneurs amateurs ou chevronnés. Les massifs montagneux des Carpates et le delta du Danube sont le théâtre d'une vie sauvage extrêmement riche et unique en Europe, et abritent près de la moitié des ours et un tiers des loups du continent. Ce pays est aussi le refuge de milliers d'oiseaux migrateurs venus de l'Arctique.

LE DELTA DU DANUBE

Réserve de la biosphère, cette région a quelque chose de romantique, particulièrement en automne. Ce delta, le plus vaste d'Europe, est un dédale de canaux, de lacs et de marais. Il termine sa route dans la **mer Noire**. Chaque année, début mars, quelque 2 500 couples de pélicans communs, emblématiques du delta, viennent nicher dans les roselières. Il s'agit de la plus grande colonie du continent européen. Au début de l'automne, les colonies migrent vers le **delta du Nil**.

Une croisière en bateau est un excellent moyen d'explorer cet écosystème grandiose. Outre les pélicans, vous observerez des centaines de volatiles migrateurs : petits cormorans, pygargues à queue blanche, grèbes, faucons, grandes aigrettes... Pour vraiment profiter de cette balade, vous serez accompagné d'un guide naturaliste. Certaines parties du delta sont fermées aux voyageurs. Celles qui restent accessibles sont soumises à des règles strictes.

LIBEARTY, SANCTUAIRE DES OURS

Ce havre de paix pour les ours bruns de Roumanie se trouve à **Zarnesti**, un charmant village situé à l´entrée du parc national de Piatra Craiului. En 2005, l'association Millions d'amis et la Société mondiale pour la protection des animaux (WSPA) se sont unies pour créer ce sanctuaire sur une propriété de plus de 27 ha. Séquestrés, mis en cage ou exhibés dans les cirques,

QUAND PARTIR ?

	Danube	Ours
Mars	🔭	
Avril	🔭	
Mai	🔭	👁
Juin	🔭	👁
Juillet	🔭	👁
Août	🔭	👁
Septembre	🔭	👁
Octobre	🔭	

LES CONSEILS GEO

• Les plus

Pays très francophile.
Une faune unique en Europe.
Coût de la vie peu élevé, sauf pour les locations de voitures.

• Les moins

Une grande pauvreté.

• Les précautions

Évitez de vous promener seul en forêt.

CARNET DE VOYAGE

• Les premiers contacts
Office du tourisme : 7, rue Gaillon, 75002 Paris, 01 40 20 99 33, www.guideroumanie.com.

• Les formalités
Ressortissants de l'UE : carte d'identité ou passeport.

• Les langues, la monnaie Langue officielle : roumain. **Monnaie** : leu. 1 € = 4,60 RON.

• La population
19,76 millions d'habitants.
Capitale : Bucarest.

• Les religions
Orthodoxes 80 % ; protestants 7 % ; catholiques 5 %.

• Les fêtes **1er décembre** : fête nationale.

La poche située sous le bec des pélicans peut stocker jusqu'à 4 kg de poissons.

quelque 80 ours y ont trouvé refuge, loin des tristes histoires que vous entendrez grâce à une visite guidée de trois heures, en petit groupe uniquement. **Libearty** n'est pas un zoo. Les pensionnaires rescapés peuvent jouir d'un grand espace de liberté. Cependant, ils ont perdu en partie leurs instincts sauvages et ne pourraient plus survivre dans la forêt.

LE PARC NATIONAL PIATRA CRAIULUI

Au pied des montagnes des **Carpates**, à partir de la ville de **Braçov**, vous trouverez facilement un guide qui vous mènera dans le parc. En mars-avril, vous irez sur les traces des ours, des loups et des lynx sauvages. Ces animaux se cachent dans la forêt, donc attendez-vous à ne voir que leurs empreintes. Cette quête reste une très belle expérience.

QUE VOIR, QUE FAIRE EN ROUMANIE ?

Parc national de Retezat

- Immense réserve de la biosphère dans les Carpates où plusieurs espèces animales sont protégées. À ne pas manquer.

Château de Bran

- Perché sur une colline, il est tout, sauf lugubre contrairement à la légende du comte Dracula.

L'ours brun d'Europe se nourrit de végétaux, d'insectes et plus rarement de mammifères, contrairement à l'ours blanc, gros carnivore.

OÙ LES VOIR ?

- Arctique
- Canada
- Chine
- États-Unis
- Inde
- Népal
- Pérou

Les ours

Ours brun, panda, ours blanc, grizzli… L'ours a toujours tenu une place particulière aux yeux des hommes. Dans les mythologies celtiques et grecques, il était symbole de puissance, de renouveau. Il fut longtemps considéré comme le roi des animaux européens. Par le passé, il fut chassé pour sa peau. Ses dents et ses griffes étaient des trophées. Aujourd'hui, sur les huit espèces existantes, six sont classées « vulnérables ». Cette dénomination signifie qu'elles encourent un risque d'extinction à l'échelle de la planète.

Les espèces

Le panda géant, maître des forêts de bambous, réside exclusivement en **Chine**. L'ours malais, le plus petit (entre 1 m et 1,40 m) et le moins lourd de tous, vit dans les forêts tropicales de l'Asie du Sud et du Sud-Est. De son côté, l'ours lippu occupe, entre autres, les forêts et les prairies indiennes et népalaises. Quant à l'ours noir d'Asie, il affectionne les forêts de conifères et de feuilles, en altitude.

Vous aurez peu de chances de les rencontrer dans leur habitat naturel. Il en est de même pour l'ours à lunette, qui loge dans les forêts tropicales d'altitude en Amérique du Sud. En revanche, vous aurez certainement l'occasion de rencontrer l'ours noir d'Amérique qui, comme le grizzli, son cousin, évolue dans les montagnes boisées nord-américaines. Pour sa part, l'ours polaire qui peut mesurer jusqu'à 3 m et peser quelque 800 kg, demeure sur les banquises du cercle arctique. En Europe, l'ours brun parcourt les terres de la Scandinavie à l'Italie, des **Carpates** à la **France,** où il subsiste uniquement dans les **Pyrénées**.

Leur comportement

L'ours, quels que soient l'espèce ou le territoire, est un animal solitaire, sauf en période de reproduction. Sa vue est faible mais son odorat particulièrement développé. Excepté l'ours malais, le panda et parfois l'ours polaire lorsqu'il chasse les phoques, les autres espèces hivernent pendant plusieurs mois. Celles-ci n'hibernent pas, contrairement à la légende. Pendant l'hibernation, les animaux dorment en effet profondément. En revanche, au cours de leur hivernation, qui commence aux premières neiges, les ours, dont le rythme cardiaque est au ralenti, restent aux aguets. Ils se réfugient dans leurs tanières pour se protéger du froid. Grâce à leur réserve de graisse accumulée le reste de l'année, ils survivent sans s'alimenter. Ils peuvent quitter leur abri s'ils se sentent menacés ou si le soleil est à même de leur apporter un moment de chaleur. Le printemps revenu, les ours quittent leur refuge en quête de nourriture.

Une situation critique

Hormis les pandas géants, dont la population connaît une hausse depuis quelques années, et les ours d'Amérique, dont le nombre reste relativement stable, les ursidés souffrent de la perte de leur habitat naturel. Une situation qui affecte de nombreuses espèces animales. L'ours polaire est, lui, victime du réchauffement climatique.

Chaque année, de fin septembre à mi-novembre, des centaines d'ours blancs attendent la formation de la banquise sur les rives de la **baie d'Hudson**, au **Canada**. Ils sont devenus une triste attraction touristique dans la ville de **Churchill**. Les habitants s'inquiètent de leurs incursions en ville en quête de nourriture. Des dizaines d'ours sont ainsi emprisonnés chaque année en attendant leur prochain départ vers le Nord.

L'ours polaire est le plus grand de toutes les espèces d'ursidés.

Rwanda

Le Rwanda, profondément marqué par le génocide de 1994, se reconstruit. L'un des plus petits territoires du continent africain, « le pays des mille collines » est en train de reconquérir sa réputation de destination privilégiée pour observer les gorilles des montagnes.

LE PARC NATIONAL DE LA FORÊT DE NYUNGWE

Des primates vivent dans cette forêt tropicale, quasi intacte, de 100 000 ha. Le parc est parcouru de sentiers de randonnée, chacun balisé par une couleur : bleu pour les colobes d'Angola, rouge pour les chimpanzés.

Vous devrez être accompagné d'un guide. Les marches débutent tôt le matin et peuvent durer plusieurs heures. Vous serez émerveillé lors de la traversée d'une passerelle longue de 160 m, suspendue à quelque 70 m de haut. Vous dominerez la canopée, d'où vous profiterez d'une autre perspective sur la végétation luxuriante de la forêt. L'expérience est vertigineuse, dans tous les sens du terme.

LE PARC NATIONAL DE L'AKAGERA

Le plus étonnant dans cette savane poussiéreuse est que vous êtes seul, dans le silence d'un paysage majestueux. Le parc est, en effet, peu fréquenté. Au bord du **lac Ihema**, les animaux se désaltèrent en toute quiétude. Girafes, zèbres, hippopotames, crocodiles et buffles cohabitent dans l'Akagera. Pour l'arpenter, outre la location d'un 4 x 4, vous devrez prendre un guide, à la fois pour votre sécurité, mais aussi pour bénéficier de ses connaissances.

QUAND PARTIR ?

	Saison sèche	Saison des pluies
Mars		👁
Avril		👁
Mai		👁
Juin	👁	
Juillet	👁	
Août	👁	
Septembre	👁	
Octobre		👁
Novembre		👁
Décembre		👁

LES CONSEILS GEO

• Les plus

La rencontre avec les primates.
La faible fréquentation des parcs.

• Les moins

Le coût très élevé pour passer une heure près des gorilles. Cette visite n'est pas autorisée aux enfants de moins de 15 ans.

• Les précautions

Le 4 x 4 est fortement recommandé.
Le permis de conduire international est obligatoire.
Évitez toute circulation la nuit, hors des villes.

CARNET DE VOYAGE

• Les premiers contacts
Le Rwanda n'est pas représenté en France.
www.rwandatourism.com.

• Les formalités
Ressortissants de l'UE : passeport encore valable 6 mois après la date du retour.

• La santé Présence du paludisme toute l'année. Vérifiez avant de partir.

• Les langues, la monnaie Langues officielles : anglais, français, kinyarwanda (très courant).
Monnaie : franc rwandais.
1 € = 790 RWF.

• La population
11,9 millions d'habitants.
Capitale : Kigali.

• Les religions
Catholiques 57 % ; protestants 26 % ; adventistes 11 % ; musulmans 4,6 %.

• Les fêtes **4 juillet** : fête nationale.

Les sommets embrumés des monts aux pentes couvertes d'une végétation luxuriante sont l'image emblématique du Rwanda.

Il est possible de camper dans le parc, dont l'accès se trouve au sud. Attention, il n'y a pas d'eau courante ! En 2015, des lions ont été réintroduits dans le parc. En 2017, ce sont plus d'une quinzaine de rhinocéros noirs, capturés en Afrique du Sud, qui ont rejoint la faune sauvage de ce territoire.

LE PARC NATIONAL DES VOLCANS

Cinq des huit volcans des montagnes des **Virunga** trônent dans ce parc qui recèle un trésor de l'humanité : les gorilles des montagnes. C'est ici que Dian Fossey mena ses études sur ces grands singes et livra son combat pour leur protection. S'il est possible de les approcher, les conditions sont drastiques. Le permis doit être demandé très longtemps à l'avance, la visite ne peut excéder une heure, et les groupes huit personnes. Pour vivre cette expérience brève mais intense, il faut s'acquitter d'une somme de 1 500 $. Cette source de revenus permet de faire vivre des milliers de personnes. ●

QUE VOIR, QUE FAIRE AU RWANDA ?

Lac Kivu

- À explorer à pied, à vélo ou en bateau.

Dian Fossey

- Voir ou revoir le film de Michael Apted, *Gorilles dans la brume* (1988), fondé sur l'autobiographie de la primatologue américaine, publiée en 1983.

OÙ LES VOIR ?

- Gabon
- Ouganda
- Rwanda

L'envergure des gorilles mâles peut atteindre plus de 2 m. Ils sont quadrupèdes ou bipèdes.

Les gorilles

Créatures effrayantes qui hantent les forêts et les plaines africaines, ils ont souvent nourri l'imaginaire des romanciers et des cinéastes. Et, encore aujourd'hui, ils sont convoités par des sorciers guérisseurs. Pourtant, d'apparence massive, le gorille est un animal végétarien et pacifique. Sa survie est plus que menacée.

Les espèces

Un mot qualifie les gorilles : anthropoïdes, autrement dit presque humains. En effet, leur ADN est identique au nôtre à environ 97/98 %. Ils se répartissent en deux grandes espèces : ceux de l'ouest et ceux de l'est. Le plus répandu, le gorille des plaines de l'Ouest habite en Afrique équatoriale (Cameroun, Gabon, République du Congo, Guinée équatoriale, République centrafricaine). Le plus rare de tous, le gorille de Cross River, réside dans les zones frontalières entre le Cameroun et le Nigeria. Sa population atteindrait moins de 300 individus. Les gorilles de l'est, plus grands, vivent soit dans les plaines (*Gorilla beringei*), uniquement en République démocratique du Congo, soit au cœur des montagnes, dans le massif volcanique, à cheval entre le Rwanda, la République démocratique du Congo et l'Ouganda. Il ne resterait que 700 individus. Ils supportent une altitude de 3 000 m. D'est en ouest, ils se distinguent par peu de choses, notamment, la morphologie de leur nez et leur façon de communiquer.

Les comportements

Dans tous les cas, les gorilles vivent en clan de huit à dix individus, avec à leur tête un mâle au dos argenté, plus âgé. Les adultes restent au sol la plupart du temps, alors que les plus petits affectionnent les branches d'arbres. Les femelles, aux mamelles tombantes, sont soumises au bon vouloir du mâle dominant.

Tout comme les êtres humains, chaque gorille a un faciès distinct. **Dian Fossey**, célèbre primatologue américaine, a relaté ce fait remarquable. Elle a aussi confié être certaine d'avoir franchi la barrière qui sépare l'homme du singe. Basée dans les montagnes des **Virunga**, au Rwanda, elle les a observés et protégés contre le braconnage pendant 18 années. Après son assassinat en 1985, jamais élucidé, un centre de recherches a été bâti à **Musanze** pour poursuivre son travail.

Les menaces

Peut-être à l'exception des gorilles des plaines de l'Ouest, où la population reste importante, ces grands singes sont en voie de disparition. Comme pour toutes espèces, la destruction de leur habitat naturel, due à l'exploitation forestière ou minière, est une réelle préoccupation. Malgré la volonté de protection des États, le braconnage n'est pas éradiqué, notamment en République démocratique du Congo. À cela s'ajoutent la consommation de la viande de brousse et la capture à destination des zoos. Ce dernier méfait est par ailleurs peu concluant, car il s'avère que les petits ne survivent pas, généralement, à la mort de leur mère. Ils meurent de dépression ou à cause d'une nourriture non appropriée. Enfin, le faible taux de natalité naturel ne permet pas de reconstituer assez rapidement les populations décimées.

Dian Fossey avait malheureusement prédit que les gorilles disparaîtraient de la planète. Peut-on espérer que les actions menées de part et d'autre la contredisent ?

Les petits gorilles commencent à marcher à 5 mois. La femelle les allaite jusqu'à l'âge de 4 ans.

Sri Lanka

S'il est un pays où l'on peut organiser un safari sur place et dans l'heure, c'est le Sri Lanka. La « larme » de l'océan Indien, est dotée d'un patrimoine naturel remarquable et très protégé. Le premier parc national aurait été créé, au IIIe siècle, par un prince soucieux des espèces animales et florales. Dommage que le monde entier n'ait pas été aussi visionnaire.

LE PARC NATIONAL DE WILPATTU

Logé sur la côte nord-ouest, à environ 25 km de la ville de **Puttalam**, ce parc est truffé de petits lacs naturels. Par endroits, la terre est teintée d'un rouge cuivre. Février et octobre sont les meilleurs mois pour s'y rendre. Seuls 25 % de sa superficie sont accessibles. C'est néanmoins bien suffisant pour admirer les petits cormorans, goélands, aigles et le drôle de tantale indien (sorte de cigogne). Pythons, crocodiles et varans cohabitent aussi sur ce territoire où la star n'est autre que le léopard. Il est imprévisible. Vous serez en apnée chaque fois que vous croirez l'apercevoir, étalé de tout son long sur une branche d'arbre. Tout est possible…

LE PARC NATIONAL D'HIKKADUWA

Sur la côte sud du Sri Lanka, vous serez émerveillé par la beauté des plages qui s'étendent à perte de vue. Celle de **Narigama** est la plus sauvage. Mais pour voir les tortues, il vaut mieux se diriger vers celle d'**Hikkaduwa**. Préférez le petit matin pour les admirer en toute tranquillité et pouvoir même nager à leurs côtés, tout en prenant soin de ne pas les déranger. Parmi les huit espèces répertoriées, cinq viennent pondre dans cette région. Le refuge **Kosgoda Turtle Hatchery** est dédié à leur protection. La tortue est un animal emblématique du Sri Lanka.

QUAND PARTIR ?

	Nord	Sud
Janvier		👁
Février	👁	👁
Mars		👁
Avril	👁	
Mai	👁	
Juin	👁	
Juillet	👁	
Août	👁	
Octobre	👁	
Décembre		👁

LES CONSEILS GEO

● Les plus
Très facile et abordable de louer une voiture avec chauffeur.

● Les moins
La gestion médiocre des déchets. La baignade dans l'océan peut être dangereuse.

● Les précautions
Attention aux serpents lors de vos balades !

CARNET DE VOYAGE

• Les premiers contacts
Office du tourisme : 18, rue Guersant, 75017 Paris, 01 42 60 49 99, www.srilanka.travel.

• Les formalités
Ressortissants de l'UE : passeport encore valable 6 mois après la date du retour.

• Les langues, la monnaie Langues officielles : cinghalais et tamoul. L'anglais est courant. **Monnaie** : roupie sri lankaise. 1 € = 171 LKR.

• La population
21,2 millions d'habitants. **Capitale** : Colombo.

• Les religions
Bouddhistes 70 %, hindouistes 13 %, musulmans 10 %, chrétiens 7 %.

• Les fêtes **4 février** : fête nationale.

Le paon bleu, dans son état sauvage, est originaire du sud de l'Inde et du Sri Lanka.

LE PARC NATIONAL D'UDA WALAWE

À chacun sa star. Ici, c'est l'éléphant, et vous aurez de belles occasions d'observer des hardes de pachydermes se désaltérer aux points d'eau. À environ 4 heures au sud-est de **Colombo**, Uda Walawe est une vaste savane (30 000 ha) qui n'a rien à envier à celles que l'on peut parcourir en Afrique de l'Est. La population d'éléphants est l'une des plus importantes d'Asie. À ses côtés vivent des buffles, des crocodiles, de nombreuses espèces d'oiseaux, dont certaines endémiques, ainsi que des serpents.

QUE VOIR, QUE FAIRE AU SRI LANKA ?

Parc national de Somawathiya

- Une grande population d'éléphants.

Parc national de Bundala

- La multitude d'oiseaux.

Côte sud

- Le Coral Garden, l'un des plus beaux jardins de coraux du pays.

En train

- Entre Kandy et Ella, un parcours tout en lenteur au milieu des plantations de thé et des montagnes. Belles rencontres avec vos compagnons de voyage sri lankais.

Tanzanie

Serengeti, Ngorongoro, Selous… Ces noms sont la promesse d'une expérience unique et émouvante lorsque, le jour venu, l'on assiste au somptueux spectacle qu'offrent ces parcs. Un émerveillement de chaque instant permettant d'admirer les animaux sauvages, dont les Big Five.

LE PARC NATIONAL DU SERENGETI

Dans les plaines qui s'étendent à perte de vue, toutes les espèces se frôlent et parfois se confrontent. Stars incontestables, les Big Five sont omniprésents dans ces paysages à la diversité exceptionnelle. Le parc (1,5 million d'hectares) est un vaste écosystème qui s'étend des hauts plateaux du **Ngorogonro** jusqu'au Kenya, au nord. Les herbes rases succèdent aux terres irriguées par les rivières et aux collines aux contours plissés.

Les éléphants se concentrent plus au nord, riche en herbes hautes. Rivières ou cours d'eau sont habités par des crocodiles et des hippopotames. Les acacias de la **Seronera Valley** sont la certitude de voir des girafes qui s'en régalent. Les arbres, rares, vous révéleront peut-être la présence d'un guépard au repos après une course effrénée pour capturer un impala. Le Seregenti est le fleuron du tourisme tanzanien, vous ne serez donc pas seul !

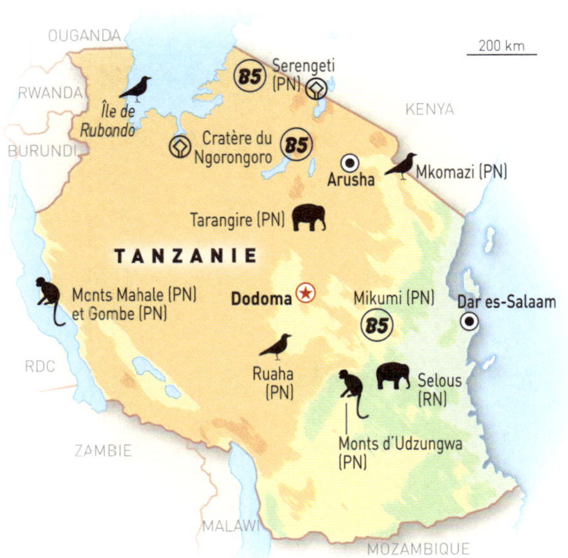

LE CRATÈRE DU NGOROGONRO

Avec ses 260 km², ce cratère, né de l'explosion d'un volcan, est la plus grande caldeira du monde. Il abrite une concentration de faune unique sur la planète. Collines boisées, lacs, prairies, brousses et forêts d'altitude sont le paradis d'une incroyable diversité d'animaux qui semble avoir été posée là pour l'éternité. Le cratère est l'habitat de la plupart des grands mammifères africains. Toutefois, il peut être difficile d'y croiser les Big Five, contrairement au **Serengeti**. Si là est votre objec-

La population des girafes a diminué d'environ 40 % ces trente dernières années. Elles sont classées « vulnérables », autrement dit menacées d'extinction.

LES CONSEILS GEO

• Les plus

Une faune très abondante et une grande variété de paysages. L'assurance de voir les Big Five. Les lignes aériennes d'un parc à l'autre se sont multipliées ces derniers temps. Nombreuses possibilités de safaris à pied ou en bateau. Un grand choix d'hébergements.

• Les moins

Le coût assez élevé des safaris. L'afflux touristique dans les parcs situés au nord.

• Les précautions

Réservez votre voyage bien à l'avance. Évitez de conduire la nuit. Instabilité dans la région frontalière avec le Burundi. Ne jamais prendre des taxis non officiels.

tif, mieux vaut ne pas vous y rendre. Des randonnées à pied, accompagnées d'un guide, sont organisées par certaines agences. Pendant la saison sèche, les touristes affluent. De mars à mai, la saison des pluies offre certains avantages : moins de visiteurs et des paysages plus verdoyants. Les averses durent peu de temps.

LES PARCS NATIONAUX DES MONTS MAHALE ET DE GOMBE

Ces deux territoires font partie de ceux qui abritent les dernières populations de chimpanzés sauvages d'Afrique. Dans les monts **Mahale**, vous ferez des randonnées à pied à leur rencontre. Attention, la végétation est dense et les sentiers difficiles ! À **Gombe**, vous marcherez sur les pas de **Jane Goodall**, qui consacra une partie de sa vie à étudier ces remarquables primates. Au milieu des arbres habillés de lianes, vous découvrirez tout un monde grouillant de vie.

LE PARC NATIONAL DE RUAHA

À la tombée du jour, vous verrez les pachydermes s'abreuver dans le fleuve **Ruaha**, en compagnie d'hippopotames et de milliers d'oiseaux. Éloigné des grands axes (630 km de la capitale),

QUAND PARTIR ?

	Saison sèche	Saison des pluies
Janvier	👁	
Février	👁	
Mars		👁
Avril		👁
Mai	👁	
Juin	👁	
Juillet	👁	
Août	👁	
Septembre	👁	
Octobre	👁	
Novembre		👁
Décembre		👁

CARNET DE VOYAGE

• Les premiers contacts Office du tourisme, c/o ambassade, 7 ter, rue de Léonard-de-Vinci, 75016 Paris, 01 53 70 63 66, www.tanzania-embassy.fr.

• Les formalités Ressortissants de l'UE : passeport en cours de validité, valable 6 mois après la date de retour. Visa obligatoire, que l'on peut obtenir à l'arrivée en Tanzanie.

• La santé Présence de paludisme toute l'année.

• Les langues, la monnaie Langues officielles : anglais et swahili. **Monnaie** : shilling tanzanien. 1 € = 2 521 TZS.

• La population 55,5 millions d'habitants. La population compte 120 ethnies, dont les Bantous et les Massaïs. **Capitale administrative** : Dodoma ; capitale économique : Dar es-Salaam.

• Les religions Musulmans 35 % (99 % à Zanzibar) ; chrétiens 30 % ; animistes 35 % .

• Les fêtes **26 avril** : fête nationale. Les fêtes musulmanes sont fixées en fonction des cycles lunaires.

TANZANIE

La corpulence de l'autruche, le plus grand oiseau du monde, n'empêche en rien sa grande agilité.

donc peu fréquenté, ce parc est pourtant l'un des plus beaux qui soient. Ici, les safaris à pied sont une véritable aventure.

LA RÉSERVE DE SELOUS

Seule la partie située au nord du fleuve **Rufiji** est accessible aux amateurs de safaris. La réserve n'attire pas autant de visiteurs que les parcs du nord. La population d'éléphants y est pourtant la plus importante du pays. N'hésitez pas à faire un safari en bateau.

LE PARC NATIONAL DE MKOMAZI

Il est situé sur la frontière kényane, entre **Dar es-Salaam** et **Arusha**. La plupart des voyageurs, pressés d'explorer les grands parcs du nord, ne soupçonnent pas l'existence de cette pépite aux paysages somptueux, d'où l'on peut admirer au loin le **mont Kilimandjaro**. Quelque 450 espèces d'oiseaux y sont répertoriées, dont le calao, le rouleau eurasien, l'outarde kori et la grande autruche. Les agences proposent des randonnées nocturnes.

LE PARC NATIONAL DE MIKUMI

Il jouxte la réserve de **Selous**. Ses paysages sont majestueux, et la faune très abondante dans les grandes prairies. Bien qu'il soit à 3 heures seulement de route de Dar es-Salaam, il figure peu sur les circuits touristiques. Idéal si l'on cherche le calme. ●

QUE VOIR, QUE FAIRE EN TANZANIE ?

Île de Rubondo

- Sur le lac Victoria, un havre de paix pour les amateurs d'oiseaux.

Parc national de Tarangire

- Situé au nord. Ses hautes herbes attirent des centaines d'éléphants.

Parc national des monts d'Udzungwa

- Une randonnée à pied pour voir les six espèces de primates et des oiseaux dans un paysage montagneux du sud.

Kigoma

- Prendre le train de Dar es-Salaam à Kigoma, point de départ des voyageurs indépendants qui se rendent dans le parc national des monts Mahale et de Gombe.

Zanzibar

- L'île aux épices est le lieu idéal pour faire une pause après un safari.

Pages suivantes : contrairement au jaguar, le léopard peut grimper aux arbres.

Thaïlande

La Thaïlande est loin de gagner la palme d'or concernant le traitement des éléphants domestiqués. Toutefois, depuis quatre ans, les autorités se préoccupent sérieusement de l'impact du tourisme sur ses parcs nationaux. Une soixantaine d'entre eux sont fermés au public plusieurs mois par an. Les dates peuvent fluctuer. Il est donc indispensable de se renseigner avant de partir. Chacun devrait se réjouir d'une telle initiative. La nature, elle aussi, a besoin de répit.

UNE PRISE DE CONSCIENCE

À votre manière, vous pouvez contribuer à préserver les espèces en danger. En Thaïlande, voudrez-vous prendre un petit singe dans vos bras pour la photo du siècle ? Il a été volé à sa mère. Allez-vous acheter un objet dérivé d'un animal que l'on a tué ? Pourrez-vous vous passer d'une balade à dos d'éléphant ? Avant votre arrivée, il était sans doute enchaîné. Pourtant l'éléphant est l'animal emblématique de la Thaïlande. Ces questions vous aideront à privilégier les lieux de conservation qui respecte la vie sauvage.

L'ELEPHANT NATURE PARK

Ce parc, situé à 60 km de **Chiang Mai**, au nord de la Thaïlande, est un refuge pour les éléphants maltraités, vieux ou en mauvaise santé, récupérés dans tous les pays. Vous pourrez leur consacrer une journée, passer une nuit dans ce lieu ou même vous porter volontaire pendant plusieurs jours pour contribuer à leur bien-être. C'est une expérience bien plus enrichissante que celle qui consiste à voir des spectacles d'éléphants dressés dans des conditions particulièrement violentes. Les voyageurs ne sont pas forcément au fait de cette situation. Visiter ce parc est une belle occasion d'en prendre conscience.

LE PARC NATIONAL KHAO YAI

Il figure sur la liste du patrimoine mondial de l'Unesco. Située à environ 200 km au nord-est de **Bangkok**, cette zone abrite, entre autres, des singes et des éléphants. La meilleure période pour s'y rendre est notre hiver, d'octobre à février. Vérifiez la fermeture annuelle.

QUAND PARTIR ?

	Nord	Sud
Janvier	👁	👁
Février	👁	👁
Mars		👁
Juin	👁	
Juillet	👁	👁
Août	👁	👁
Octobre		👁
Novembre	👁	👁
Décembre	👁	👁

THAÏLANDE

L'Elephant Nature Park a pour but de réintégrer peu à peu les éléphants dans leur habitat naturel.

LE SANCTUAIRE POUR ÉLÉPHANTS DE PHUKET

Cet autre refuge a été créé en 2016 à l'attention des pachydermes qui ont travaillé une grande partie de leur vie pour amuser les touristes. Vous pourrez passer du temps en leur compagnie, les voir se baigner et les nourrir.

QUE VOIR, QUE FAIRE EN THAÏLANDE ?

Parc national de Khao Sok

- Dans la province de Surat Thani. Plus de 180 espèces d'oiseaux.

Snorkeling

- De nombreuses îles sont propices à la plongée en surface, à proximité des côtes, dont Ko Tao, Ko Pha-Ngan, Ko Phi Phi et Ko Chang.

CARNET DE VOYAGE

• Les premiers contacts
Office du tourisme : 90, av. des Champs-Élysées, 75008 Paris, 01 53 53 47 00, www.tourismethaifr.com.

• Les formalités
Ressortissants de l'UE : passeport encore valable 6 mois après la date du retour.

• La santé
Présence du paludisme aux zones frontalières avec la Birmanie, le Cambodge et le Laos.

• Les langues, la monnaie Langue officielle : thaï.
Monnaie : baht.
1 € = 39,55 THB.

• La population
68,8 millions d'habitants.
Capitale : Bangkok.

• Les religions
Bouddhistes 90 %, musulmans 5 %.

• Les fêtes **5 décembre** : fête nationale (anniversaire du Roi Rama X).

LES CONSEILS GEO

• Les plus
Des paysages sublimes et un accueil très chaleureux. Déplacements très faciles.

• Les moins
Les mauvais traitements infligés aux éléphants et aux singes dans certains parcs.

• Les précautions
Permis de conduire international requis.
Attention aux nombreux accidents de la route !

Zimbabwe

« Dr. Livingstone, I presume ? » Cette phrase célèbre s'adressait à celui qui découvrit les chutes du Zambèze, qu'il baptisa du nom de la reine Victoria. Ce rideau de cascades de 1 700 m de large est une merveille au nord-est de ce pays, niché au cœur de l'Afrique australe. Une contrée où le monde sauvage est une invitation à la contemplation.

QUAND PARTIR ?

	Saison idéale	Saison humide
Mars		👁
Avril		👁
Mai	👁	
Juin	👁	
Juillet	👁	
Août	👁	
Septembre	👁	
Octobre		👁
Novembre		👁
Décembre		👁

LES CONSEILS GEO

- **Les plus**

Grande variété d'hébergements pour tous budgets. Possibilités de safaris en toute autonomie.

- **Les moins**

Des pistes mal ou pas entretenues.

- **Les précautions**

Les retraits d'argent liquide sont irréguliers et limités à 300 $US par semaine.

LE PARC NATIONAL DE HWANGE

Dunes de sable, immenses étendues herbeuses et forêts clairsemées se succèdent dans ce parc, l'un des plus grands du pays, situé à l'ouest, à environ 2 heures des **chutes Victoria**. Il abrite 9 des 10 espèces protégées du Zimbabwe. Il est facile de rencontrer de grandes populations d'éléphants et autres animaux qui se concentrent aux points d'eau. Sans compter les 450 espèces d'oiseaux. Les quelques rares rhinocéros blancs sont plus difficiles à observer. Les distances gigantesques font d'un safari une véritable expédition. Vous pouvez le réaliser de façon autonome, mais mieux vaut être accompagné d'un guide.

LE PARC NATIONAL DE GONAREZHOU

Safaris motorisés ou randonnées pédestres et équestres, vous aurez le choix dans ce parc longtemps affecté par le braconnage. Aujourd'hui préservé, il abrite une faune très riche, y compris des oiseaux et des reptiles. Il constitue un prolongement du **Kruger**, en Afrique du Sud (voir p. 62-63). Le parc est idéal pour les familles.

LE PARC NATIONAL DE MANA POOLS

Au cours d'un safari dans ces anciens lits du **fleuve Zambèze**, en 4 x 4, en canoë ou à pied, vous croiserez les Big Five, nombre d'impalas, de girafes et des crocodiles du Nil, espèce menacée. Avis aux ornithologues : ce parc, reculé, est pour vous ! Au cœur

Les hippopotames font partie des animaux les plus dangereux au monde.

d'une végétation luxuriante, vous pourrez admirer le nicator à gorge blanche, la glaréole à collier et l'aigle serpentaire rayé.

LES CHUTES VICTORIA

Quelque 550 000 m³ d'eau s'écoulent chaque minute. Depuis le sommet de ces chutes assourdissantes, vous pourrez admirer toute une population animalière. Amateurs de rafting et de saut à l'élastique, vous êtes au bon endroit.

CARNET DE VOYAGE

- **Les premiers contacts** Office du tourisme : www.zimbabwetourism.net.
- **Les formalités** Ressortissants de l'UE : passeport encore valable 6 mois après la date du retour.
- **La santé** Présence du paludisme toute l'année à la frontière nord-ouest. Dans le reste du pays de novembre à juin du pays.
- **Les langues, la monnaie** Langues officielles : anglais, shona, ndébélé. **Monnaie** : les transactions s'effectuent en dollar américain, en rand sud-africain et dans une moindre mesure en pula botswanais.
- **La population** 16,1 millions d'habitants. **Capitale** : Harare.
- **Les religions** Chrétiens 67 % ; autres religions et animistes 30 % environ.
- **Les fêtes** **18 avril** : fête nationale.

QUE VOIR, QUE FAIRE AU ZIMBABWE ?

Parc transfrontalier du Grand Limpopo

- Sur la route vers le Kruger, en Afrique du Sud, ce parc magnifique mérite le détour.

Parc national de Matusadona

- Cette zone de conservation est l'un des rares endroits où observer le rhinocéros noir, en voie de disparition.

Parc national de Matobo

- Les incroyables formations granitiques sont le théâtre d'une vie sauvage où la faune se rencontre en toute intimité.

Chutes Victoria

- Un voyage en train anglais des années 1950, de Bulawayo aux chutes.

Pages suivantes : certaines espèces de zèbres sont dépourvues de rayures sur leurs pattes. Ils font toujours l'objet de recherches scientifiques.

Index

Abréviations :
PA : parc animalier ; PM : parc marin ; PN : parc national ; PO : parc ornithologique ; R : réserve ; RB : réserve biologique ; RDB : réserve de biosphère ; RE : réserve écologique ; RF : réserve faunique, RN : réserve nationale ; RO : réserve ornithologique

A

B

C

D

E

INDEX

T

U

V

W

Y

Z

Crédits photographiques

Couverture : Volodymyz Burdiak / Shutterstock
Vignettes de couverture, de gauche à droite : gudkovandrey / Fotolia ; David / Fotolia
Vignettes de 4e de couverture, de gauche à droite : Silves / Fotolia ; aaabbbccc / Shutterstock ; Hung Chung Chih / Shutterstock

2 : Mogens Trolle / Shutterstock
4 : foryouinf / Shutterstock
6 : Kobby Dagan / Shutterstock
13 : BlueOrange Studio / Shutterstock
14-15 : AndreAnita / Shutterstock
16 : Maggy Meyer / Shutterstock
17 : Casper Simon / Shutterstock
18 : Bildagentur Zoona BmbH / Shutterstock
19 : Dmitri Gomon / Shutterstock
20 : Waitandshoot / Shutterstock
21 : Rich Carey / Shutterstock
23 : ammphoto / Shutterstock
34-35 : Willyam Bradberry / Shutterstock
41 : Alberto Chiarle / Shutterstock
43 : MAC1 / Shutterstock
44-45 : Thomas / Fotolia
47 : Henri Faure / Shutterstock
49 : moonbo / Fotolia
51 : thier / Fotolia
52-53 : Gudkov Andrey / Shutterstock
55 : ericiaubuge / Shutterstock
56 : Luke Shelley / Shutterstock
57 : donyanedormam / Fotolia
58 : StanislavBeloglazov / Shutterstock
61 : Smokin_louise_naturephoto / Shutterstock
63 : Utopia_88 / Shutterstock
64-65 : Jason Prince / Shutterstock
66 : Pyngodan / Shutterstock
67 : Sergey Gaydaburov / Shutterstock
69 : Bo Velantino / Shutterstock
71 : Nick Dale/ Fotolia
73 : Silver / Fotolia
75 : Iakov Filimonov / Shutterstock
77 : kovgabor79 / Fotolia
79 : Tanya Puntti / Shutterstock
81 : Fiona Ayerst / Shutterstock
83 : Zenobillis / Photononstop
85 : Abraham Badenhorst / Shutterstock
87 : PhotocechCZ / Shutterstock
89 : Junior Braz / Shutterstock
91 : Scott Biales / Shutterstock
93 : sinitar / Fotolia
95 : Chantal de Bruijne / Shutterstock
96 : A_visual / Fotolia
97 : chimoagarazvan / Fotolia
99 : Hung Chung Chih / Shutterstock
100 : hci12 / Fotolia
101 : blackrabbit3 / Fotolia
103 : LindaPhotography / Fotolia
105 : Simon Dannhauer / Shutterstock
107 : frerd / Shutterstock
109 : Zoltan Gabor / Shutterstock
110 : Curioso Photography / Fotolia
111 : David / Fotolia
113 : Sascha Burkard / Shutterstock
115 : donyanedomam / Shutterstock
117 : Michal Jirous / Shutterstock
119 : Fotos593 / Shutterstock
121 : neelsky / Shutterstock
122-123 : W. Scott McGill / Shutterstock
125 : Hendra Xu / Shutterstock
127 : ondrejprosicky / Fotolia
129 : Gil. K / Shutterstock
131 : Jan Bures / Shutterstock
133 : Fabrizio Conte / Shutterstock
135 : Ryan M. Bolton / Shutterstock
136 : gudkovandrey / Fotolia
137 : Kjersti / Fotolia
139 : Rich Carey / Shutterstock
140-141 : Jag_cz / Shutterstock
145 : Bartosz Budrewicz / Shutterstock
146-147 : View Apart / Shutterstock
149 : Melissa Schalike / Fotolia
151 : CEW / Shutterstock
153 : Kjetil Kolbjornsrud / Shutterstock
155 : Sam DCruz / Shutterstock
157 : vitmark / Shutterstock
158-159 : aaabbbccc / Shutterstock
161 : www.sea-pics.de / Fotolia
163 : Monika Gruszewicz / Shutterstock
165 : Porojnicu Stelian / Shutterstock
166 : kwasny221 / Fotolia
167 : Alexey Seafarer / Shutterstock
169 : Kiki Dohmeier / Shutterstock
170 : KateD / Fotolia
171 : Valerijs Novickis / Fotolia
173 : misterryba / Shutterstock
175 : gudkovandrey / Fotolia
177 : Delbars / Shutterstock
178-179 : gudkovandrey / Fotolia
181 : Marianoblanco / Shutterstock
183 : Uryadnikov Sergey / Fotolia
184-185 : MattiaATH / Shutterstock

L'AUTEUR

Née à Paris, Zahia Hafs a commencé à explorer le monde dès son plus jeune âge. Diplômée en sciences économiques, elle a travaillé aux Nations Unies à New York, où elle a vécu pendant six ans. Journaliste, éditrice, elle est aussi l'auteur de plusieurs carnets de voyage. Après avoir créé le bureau français de Lonely Planet qu'elle a dirigé pendant 10 ans, elle a créé sa maison d'édition, Jalan Publications. Elle collabore avec National Geographic depuis plus de 10 ans. Elle a saisi toutes les occasions de rencontrer des animaux lors de ses nombreux voyages : les crocodiles au Costa Rica, les tarsiers au Sulawesi, les koalas en Australie, les rhinocéros et les éléphants au Népal. À la suite d'un safari en Afrique du Sud, elle a acheté un girafon. Brian a aujourd'hui 15 ans et vit paisiblement dans une réserve privée.